KB108764

"의미에게 더 이상 희망은 없다.
의미는 죽음을 면할 수 없는 것이다.
그러나 의미가 일시적인 지배를
강요했던 외양들은 죽지 않는다.
바로 여기에서 유혹이 시작된다."

장 보드리야르,
『시뮬라시옹』

인문잡지 한편
2022년 9월
9호

외모

외모에 대해
이야기하자

《한편》8호 '중독' 편을 만들면서 '정신질환 진단 및 통계 매뉴얼'에는 없는 많은 단어를 중독 앞에 넣어 봤다. 외모도 빠질 수 없었다. 외모와 함께 딸려 오는 것은 강박, 자기관리, 꾸밈 노동, 사회적 압력, 수치심, 비교, 비하, 허기와 관련된 말들이다. "너무나 많은 여자들이 자신의 욕구를 가지고 늘 하는 행동"인 "체중 재기, 치수 재기, 계산하기, 감시하기, 꾹 참았다 과하게 보상하기" 등이 내게도 친숙하다(캐럴라인 냅, 『욕구들』).

지난 몇 년간 외모와 몸을 둘러싼 담론과 운동과 경험을 고백하는 목소리가 꾸준히 주목받았다. 그러나 여전히 외모에 대한 이야기가 부족하다. 외모에 대해 취할 수 있는 최선의 태도는 무엇일까. 인문잡지는 고백과 공감의 장 위에서 외모에 관해 무슨 이야기를 더 할 수 있을까.

'중독'과 '콘텐츠' 호를 흐르는 '주의 산만'에 덧붙는 나의 맥락은 '보는 나'와 '보이는 나'가 좀체 일치하지 않는다는 데서 비롯한다. 먹고 말하고 운동하고 사랑할 때의 내가 어떻게 보이느냐를 의식할수록, 내 외모를 '이상적' 기준에서 볼수록 삶은 몰입과 멀어진다. 그렇다면 외모는 그저 굴레일까? 외모를 언급하지 않고, 외모의 차이를 인지할 수 없는 세상이 살기 더 좋을까?

외모 지옥에서 외모 확장하기

외모지상주의를 누구나 비판하지만 누구도 빠져나오기 어려운 현실에서 인문잡지 《한편》은 당위적인 이야기 너머에 어떻게 이를 것인지 고민한다.

외모란 무엇인가? 그것은 몸이자 피부에 관한 것이면서 언제나 언어와 이미지로 포착된다. 오늘날 외모는 사적인 취향과 사회문화적 기준이 만나 금세 차별과 혐오의 대상이 되고 통제 수단이 되기도 한다. 더욱이 디지털 세계에서는 수많은 사진 보정 앱을 이용해 얼굴을 비롯한 모든 디지털화된 외관을 손쉽게 수정할 수 있다. 2022년 한국 사회에서 외모란 'K'가 선도하는 산업과 긴밀하게 엮여 있다. 미용·성형·인공지능 등 첨단 기술에 둘러싸인 우리는 현실과 가상을 넘나들며 점점 더 간편하게 외형을 갈아입는다.

집이나 직장, 세상을 바꾸기보다 외모를 바꾸기가 더 간편해 보이는 시대, 《한편》은 "겉으로 드러나 보이는 모양"이라는 사전적 의미를 따라 외모의 자리에 다양한 '보이는 것'을 넣어 봤다. 얼굴, 몸매, 패션에서부터 가상세계의 아바타, TV 출연자, 사람들 앞에서 연출해 보이는 공연, 사물의 생김새, 문화의 상징 그리고 성형 기술까지 헤아리고 나서, 다시 '나의 외모'를 탐색해 가자는 제안이다. 사회학, 인류학, 의학, 과학기술학, 장애학, 미학, 문화 비평 등 열 편의 글은 보이는 것과 보이지 않는 것, 외면과 내면, 얄팍함과 깊이의 이분법을 가로지른다. 익숙한 잣대를 내려두고 새로운 사물, 개념, 현상을 거울 삼아 외모를 비춰 보자.

외모의 아름다움과 슬픔

9호를 시작하는 글은 작가이자 변호사 김원영의 「외모라는 실체에 관하여」다. 외모 차별이 법적·도덕적으로 왜 잘못되었는지의 분석만큼이나, 외모 가꾸기를 '예술 작품 창조하듯' 삶을 잘 살아 내는 문제로 여기는 관점이 중요하다. 이 글은 외모의 '추함'은 자기상에 통합될 수 없다는 심연을 직시한다. 지금 내 겉모습에는 "내가 살아온 시간을 통과하며 마주한 각종 사건과 경험이 통합되어 있"으므로, 추함까지를 포함한 내 외모를 '초상화 그리듯' 제대로 응시하는 순간이 필요하다. 우리가 외모에 관심을 기울여야 하는 이유를 변론하는 한 편이다.

'외모'를 닫는 글은 청소년 페미니스트 활동가 일움의 「외모 통증 생존기」다. 이 글은 나의 외모를 직시할 수 있는 조건을 말하는 동시에, 여성혐오적 외모 강박에서 자유로워지겠다는 선언, "'못생긴' 얼굴로서의 선언" 후에도 여전히 '외모 통증'에 대해 적어 나간다. 여성 청소년에게는 꾸밈 노동에 대한 압박과 보호주의라는 이중의 굴레가 씌워진다. 관심과 돌봄을 받고 싶은 욕망과 외모를 내 마음대로 할 권리 사이에서 저항하고 아파하며 "다양한 몸의 자리가 있는 곳"을 만들어 내는 여정의 생생한 언어가여기 있다. 아름다움과 추함을 진동하며 윤리와 삶의 문제를 엮어 내는 시작과 끝이다.

마음껏 변형 가능한 세계

추한 외모가 단순히 사적인 문제에 머물지 않는 것은 정상성에서 벗어난 몸, 통제를 상실한 몸, 결함으로 분류되는 신체에는 낙인이 찍히는 탓이다(어빙 고프먼, 『스티그마』). 소수자에게는 더 많은 낙인과, 자신의 외모에서 아름다움을 발견할 더 적은 기회가 부여된다. 현실은 '얼평'과 혐오 발언이 되풀이되는 지옥이나 다름없다. 외모 평가나 외모 차별이 도덕적으로 옳지 못한 이유 하나는 외모가 젠더, 인종, 지역, 나이처럼 마음대로 '바꿀 수 없다'는 데 있다. 그러나 이러한 물질적·사회적 몸에서 잠시 벗어나면, 변화시키기 쉬운 '자유'의 차원이 열린다. 여기에선 외모 꾸미기와 바꾸기의 유희와 부정성, 즐거움과 수고로움이 섞여 든다.

여성학 연구자 김애라의 「메타버스 아바타의 상태」는 가상 현실 플랫폼 제페토를 '현장연구' 한 기록이다. 제페토 속 소통과 경험에서 특이한 점은 모든 활동이 아바타 만들기에서 시작해 아바타 꾸미기로 끝난다는 것이다. 유저는 기꺼이 소비와 연결된 노동을 하며, '나만의' 아바타로 걸그룹을 체험하고 '연습생'을 자처한다. 이런 실천은 몸을 '초월'하는 일일까? 김애라는 오히려 메타버스가 물리적 세계에 어떻게 연결되는지를 되묻는다.

"옛날에는 '영혼이 육체를 감싸고 있었는데' 오늘날에는 피부가 육체를 감싸고 있다."(장 보드리야르, 『소비의 사회』) 이때 피부는 소비 대상으로 전락한 육체를 보여 주는 패션과 동의어다. 패션 칼럼니스트 박세진의 「패션 역주행에 대처하는 법」은 하나의 유행 또는 패션이 외모를 주조하는 방식에 비평적 개입을 하면서도 패션의 재미와 의미를 잊지 않는다. 하이패션 브랜드 '미우미우'가 유행시킨 로라이즈 룩은 마른 몸이라는 기준을 재생산한다. 다양성과 자기 몸 긍정주의로 나아가는 최근 패션에 대한 모종의 백래시를 간파한 다음 스텝은 뭘까? 위기의 시대에 지속 가능하고도 즐거운 패션을 원한다면? 해법은 약간의 수고를 들여 일상복을 '탐구'하려는 태도에서 시작된다.

외모와 인종 문제

외모는 젠더, 인종, 계급, 권력 등이 교차하는 장소다. 그중 인종은 그 정의에서부터 외모와 깊이 결부된다. 인종은 사람을 피부색 등의 신체적 특징에 따라 구분한 것처럼 여겨지지만, 이미 사회적 차원이 개입되어 있는 개념이다. 지금 한국 사회에 작동하고 있는 인종을 보는 두 가지 방식을 제안한다.

먼저 과학기술학자 임소연은 「K-성형수술의 과학」에서 성형수술과 인종'과학' 출현의 관계를 탐구한다. 한국인은 성형수술로 백인의 외모를 갖길 원할까? 21세기 성형 과학은 아니라고 말한다. 이상적 신체 비율을 상세히 정의하는 인체계측학은 '자연스러운 아름다움'을 실현하는데, 이는 '아름다움' 자체가 아니라 아름다워지고 싶은 살아 있는 사람들의 욕망을 데이터화한 것이다. 이어서 TV 교양프로그램 피디 안진의 「왜 TV에는 백인만 나올까?」는 미디어의 인종 재현을 콘텐츠 생산자의 관점에서 성찰한다. TV는 어떻게 인종 스테레오타입을 강화하는 선택을 내리는지를 방송가에 통용되는 '성공 공식'으로 따져 본다. 제목에

담긴 질문의 답을 들으면, 미디어에서 타자에 대한 호감의 힘이 발휘되는 조건을 그려 볼 수 있다.

지속가능한 아름다움을 만들기

다음은 외모를 둘러싼 실천편이다. 우리는 몸을 통해 교감하고 몸과 자아는 상호적인 과정 속에서 만들어진다. 몸 역시 행동하는 자아를 창조하는 것이다. 사회학자 아서 프랭크는 소비 행위를 통해 자기 자신을 정의하는 몸을 '비추는 몸'이라 일컫는다. "몸은 이미지를 보고 그것을 이상화하며 그 이미지의 이미지가 되고자 한다." "정확히 소위 '건강의 화신'이 되고자 한다."(『몸의 증언』) 그렇다면 '바디프로필', 근력 운동의 대유행 속에서 우리는 '건강'을 어떻게 비판적으로 봐야 할까?

의료인류학 연구자 이민의 「전시되지 않는 몸들의 삶」은 비만이 의학적 범주로 재탄생하는 과정과 그것이 몸을 시각화·언어화하는 방식을 당사자들의 언어에서 포착한다. 건강의 윤리와 소비의 쾌락이 결합해 빚어 낸 취향과 욕망은 다이어트 같은 사적인 자기 감시 과정마저 전시해야 할 것으로 만들기도 한다. 체질량지수, 체성분 분석, 기성복 표준 사이즈 등 '평균적 몸'의 관념에 기반한 수치와 자기 전시 문화가 지워 온 몸들의 삶에 관한 이야기다. 한편 노년내과 전문의 정희원의 「지속가능한 몸 만들기」는 지속가능성을 지향하는 의학의 눈으로 바프 유행이 추구하는 몸의 상태를 가감 없이 비판한다. 여기에서도 '건강하고 아름다운' 바디 이미지가 문제로 떠오른다. 오래 유지할 수 있는 건강의 핵심은 몸의 균형이다. 의학에서 균형이란 단일한 값이 아니라 수많은 변수를 고려하는 다차원적인 것임을 기억하자. 균형 잡힌 몸을 위한 실천 방법을 제공하는 것 또한 의학의 역할이다.

너무 많은 겉모습 속에서

마지막으로 소개하는 두 편의 글은 얼굴의 의미를 멀리까지 밀고 나간다. 사회학자 박정호의 「얼굴을 잃지 않는 대화」는 매일의 대면 상호작용에서 각자의 자아상이 집결된 '얼굴(체면)'들을 어떻게 서로 존중하는지에 관한 답을 구한다. 나의 체면을 지키면서 상대의 체면도 살려주는 대화 의례는 주고받고 답례하는 일종의 선물 형식을 취한다. "경직된 근육을 풀어 주듯" 오가는 대화, 얼굴이 상처 입을 상황에서 먼저 한발 물러서는 자세를 떠올려 보면, "나와 타인의 얼굴 모두를 성스럽게 만드는" 대화 기법을 상상할 수 있다. 그런데 선물을 받는 사람이 느낄 부채감에 대해서는 어떻게 해야 할까? 독립큐레이터 김현주의 「비누거품 아래, 죄와 부채」는 이러한 선물의 역설을 파고든다. 마지막 인사를 할 때까지 영원히 주고받는 메신저방 대화처럼, 가볍게 건넨 말한마디도 받는 사람에게는 되돌려줘야 할 부담이 된다. 이를 방지하려면 많은 고려와 기술이 필요한데, 이를 가장 '교활히' 행하는 방법 하나가 바로 예술이다. 손을 씻고 몸에 향을 더하는 비누는 '교활한' 예술가를 거쳐 성형수술로 추출한 제1세계인의 지방 조직으로 제작되고, 예술가는 그 비누를 판매한 수익으로 제3세계를 후원한다. 교활한 예술은 기부나 원조 같은 선함의 윤리로 해소할 수 없는 세계적 불평등의 존재를 지방 조직 비누의 거품 아래 깔아 놓는다. 보이지 않는 것을 물질로 구성해 관객을 "목격

자이자 연루자"로 만드는 기예다.

　　단순한 보기와 능동적인 '바라보기'를 구분 짓곤 한다. 인문학은 주로 후자의 방법론을 요청한다. 그러나 "대량문화소비"가 아닌 "대량문화생산에 관해 이야기해야만" 하는 지금, 바라보기만으로 충분할까? 무수한 사진, 비디오, 텍스트가 생산·유통되고, 디자인이 일상 공간을 문화 콘텐츠로 탈바꿈시키며, "다이어트, 운동, 성형수술은 신체를 예술 작품으로 만든다."(보리스 그로이스, 「예술의 진실성」) 우리 시야에 들어오는 겉모습은 막대하고, 관조의 '거리'를 유지하기엔 모든 것이 지나치게 가까이 있거나 멀리 있다.

　　"몸은 이야기를 필요로 한다. 이야기를 통해 몸은 명료해진다." 나는 나와 내 몸, 그것을 매개하는 어그러진 자아 이미지에 대해 말하기를 꺼려 왔다. 말하고 보면 진부했고 공감 이상의 반응을 원했기 때문이기도 했다. 9호를 만들면서는 내면에 대한 강박을 내려 두고 겉모습에 대해 솔직하게 이야기했고 그 일부를 독자와 나누게 되었다. 보는 나와 보이는 나, 아름다움과 추함의 통합 불가능함 속에서, 외모를 초월하거나 외모에 무관심한 시각이 지루하다면, 우리의 이야기로 개입하는 방법밖에 없을 것이다. 《한편》과 함께 외모에 대해 이야기할 수 있길 바란다. 바라보기의 감각이 달라지는 때, 지속가능한 몸을 만들어 가자고 말하고, 시스템의 이면을 작품으로 만들어 내는 과학과 문화예술의 실천에 좀 더 관심을 기울이는 것도 잊지 않으면서 말이다.

조은(편집자)

일러두기

[1] 저자의 주는 각주로 표시했고 참고 문헌은 권말에 모았다. 외래어 표기는
국립국어원의 외래어 표기법을 따랐으며 일부 관례로 굳어진 것은 예외로 두었다.

[2] 단행본은 『 』로, 논문, 기사, 영화 등 개별 작품은 「 」로, 잡지 등 연속간행물
은 《 》로 표시했다.

외모라는
실체에 관하여

김원영

김원영　　　『실격당한 자들을 위한 변론』 등의 책을 썼고, 「인정투쟁;
예술가편」, 「무용수-되기」 등의 공연에 참여했다. 서울에서 변호사로
일한다.

[주요어] #외모차별 #매력 #잘사는삶
[분류] 장애학 > 사회비평

"나의 지금 겉모습은
내가 살아온 긴 시간을
겹겹이 두르고 있다.
그래서 나의 겉모습은,
불분명한 내적 가치나
'영혼' 따위 이전에 존재하는
'나'라는 실체에 가까울지도 모른다."

「이상한 변호사 우영우」가 화제에 오르면서 장애의 재현을 둘러싼 다양한 논의가 이루어졌다. 그중 하나는 실제 자폐 스펙트럼 장애가 있는 배우가 장애를 가진 역할을 연기해야 한다는 견해다.[1] 우리는 이 드라마를 통해서 자폐를 이유로 특정한 직역에서 개인을 배제하는 것이 부당한 차별일 수 있다는 점을 인식하며, 배우라는 직역에서도 장애인 당사자가 배제될 이유가 없지 않은가라는 생각으로 나아간다.

　　그러나 여전히 우리에게 어려운 질문은 다음과 같다. 장애인도 탁월한 변호사로, 배우로 활약할 수 있지

[1]　「"이건 내 얘기 아냐" 실제 자폐인들이 본 '우영우'」, 《중앙일보》, 2022년 7월 21일 자.

만, 1992년생 배우 박은빈과 다른, 말하자면 '매력적인 외모'와는 무척 거리가 먼 사람이 우영우를 탁월하게 연기하고 지금과 같은 대중의 관심을 받는 일도 가능한가?

외모차별은 왜 나쁜가

외모차별주의는 외모를 이유로 누군가를 차별적으로 대우하는 사회적, 개인적 태도나 실천을 뜻한다.[2] 이때 외모란 개인의 키나 몸무게, 코의 모양, 피부색 등 신체의 형태와 색깔만을 의미하지 않는다. 우리 몸은 헐벗은 토르소가 아니라 쉴 새 없이 움직이며, 문화적이고 사회적인 상징을 겹겹이 걸쳐 입고 있다. 우리가 마주하는 누군가의 겉모습은 훨씬 더 풍부한 정보의 총체다. 눈동자의 움직임, 고개를 돌리는 속도, 걸음걸이, 앉을 때 다리를 오므리는지 벌리는지, 어떤 종류의 의상을 주로 입는지 등이 외모를 구성한다.

이런 가운데 외모차별은 크게 두 유형으로 구별할

[2] Xiaofei Liu, "Discrimination and Lookism," Kasper Lippert-Rasmussen (ed.), *The Routledge Handbook of the Ethics of Discrimination*(Routledge, 2018), p. 276.

김원영

수 있다. 첫째는 어떤 외적 특성을 도덕적이거나 인격적인 요소와 연관 짓거나, 어떠한 능력이 있는지 없는지를 외모만으로 추정하여 그 사람을 우대하거나 배제하는 행위다. 이 유형의 차별은 공적 영역에서 자주 문제가 되고 법률 분쟁으로 이어진다.[3] 도덕적이거나 인격적인 요소와 연결 짓는 경우로는 타투 때문에 공무원임용자격을 박탈한 사례,[4] 피부색이나 그가 입은 전통의상, 장신구 등을 보고 그 배경에 있는 민족적, 인종적 선입견에 따라 그 개인을 배제한 사례가 있다.(이때 외모차별은 인종차별과 거의 구별되지 않는다.) 외모와 능력을 곧바로 연결시키는 경우는 키와 체격, 근력만을 보고 소방관으로서의 능력을 전적으로 판단한 사례, 호텔에서 고객 서비스 담당 직원이 대머리라는 이유로

[3] 우리나라는 외모차별을 포괄적으로 규율하는 차별금지법이 존재하지는 않지만 일부 법률에서 '용모'에 대한 차별금지를 규율한다. 『국가인권위원회법』 제2조 제3호("용모 등 신체 조건"에 따른 차별금지), 『남녀고용평등과 일·가정 양립 지원에 관한 법률』 제7조 제2항이 그 예이다.

[4] 2005년 국가인권위원회는 당시 경찰공무원임용시 그 크기나 위치와 관련 없이 몸에 문신이 있다는 사실만으로 임용결격사유로 규정한 경찰공무원임용령시행규칙이 용모에 따른 차별에 해당한다면서 개선을 권고한 바 있다(2005. 4. 12. 국가인권위원회 보도자료 "공무원 채용 시 키 몸무게 제한은 평등권 침해").

그의 서비스 제공 역량이 부족하다고 판단해 불이익을 준 사례 등이다.[5]

　이러한 유형의 차별이 왜 도덕적으로 잘못인지는 비교적 명료하다. 개인의 겉모습만으로 그에 대해 함부로 규범적 판단을 내리고서 그를 배제하거나, 역량을 제대로 검토해 보지 않은 채 겉모습만으로 결론 내리면, 개인은 자신이 바꿀 수 없거나 바꾸기가 매우 어려운 특성을 이유로 자신의 숙고적 자유(deliberative freedom)를 침해당한다.[6] 차별행위자 역시 자신에게 꼭 필요한 누군가의 인격적 요소나 능력을 겉모습에서 얻은 정보만으로 배척한 결과 그의 역량을 최적으로

[5]　호텔 근로자를 채용하면서 대머리라는 이유로 채용을 거부한 사례(국가인권위원회 16진정0389800 결정)를 비롯해, 공군학사장교를 선발하는 과정에 한 지원자의 얼굴과 목 부위에 큰 점(표피모반)이 있다는 이유로 퇴소처분을 한 사례(국가인권위원회 16진정0778000 결정) 등이 유사한 실례들이다.

[6]　차별을 일종의 권리침해로 이해하고 그 도덕적인 잘못을 논증하는 Sophia Moreau는, 차별이 개인의 피부색이나 젠더처럼 (차별행위와) 무관한 속성(traits)에 의한 압력으로부터 자유로운 방식으로 자신이 어떻게 살지를 숙의하여 결정하는 숙고적 자유(deliberative freedom)에 대한 침해이기에 도덕적으로 나쁘다고 주장한다. Moreau, Sophia. "What Is Discrimination?," *Philosophy & Public Affairs* 38(2)(2010), pp. 143~179.

활용할 기회를 잃는다.

두 번째 유형의 외모 차별은 어떤 사람의 외모가 매력적이라는 이유로 그 사람을 더 우대하거나 매력적이지 않다는 이유로 불이익을 주는 행위다. 어떤 외모가 매력적인가 그렇지 않은가 여부는 다양한 문화적, 사회적 의미망 아래에 놓여 있다. 그럼에도 인간 신체의 매력에 관한 여러 경험과학 연구는 공통으로 얼굴 대칭, 매끈한 피부, 특정한 연령대, 골반과 허리의 비율, 일정 범주의 키와 몸무게, 고른 치열 등 문화권의 특성과 상관없이 선호되는 매력 요소가 있다고 보고한다.[7]

그렇다면 '외모의 매력'에 근거한 차별은 도덕적으로 나쁜가? 공무원, 교사, 직장 상사 등은 각 영역에서

[7] 이러한 요소가 문화적, 사회적 배경과 완전히 독립적으로 작동하는지는 여전히 의문이 있으므로 신중할 필요가 있지만, 일부 신체적 요소들이 개인의 신체적 매력에 보편적으로 관여한다는 점에 관한 경험적인 연구 결과가 적지는 않다. 김용민, 김용학, 박기성, 「외모와 신장이 임금에 미치는 영향」, 《응용경제》 제14권 제1호(2012); 울리히 렌츠, 박승재 옮김, 『아름다움의 과학』(프로네시스, 2008), 81~107쪽. 데버라 로드는 연구자들이 인간의 신체적 요소들에서 추출하여 구성한 미적 척도에서 "충격적으로 높은 비율로" 인종, 나이, 젠더, 사회경제적 지위, 문화적 배경이 다른 집단에 속한 사람들이 유사한 점수를 보고하고 있다고 지적한다. Rhode, Deborah L., "The Injustice of Appearance," *Stanford Law Review* 61(5)(2009), p. 1036.

직무와 관련한 사람들에 대해 법적, 도덕적 동등대우의 책임을 지닌다. 만약 이런 사람들이 외모의 매력을 이유로 직무와 관련해 상대방을 우대하거나 배제한다면 그것은 첫 번째 유형의 차별이 나쁜 바로 그 이유에서 나쁠 것이다. 예를 들어 교육자가 학생의 자질을 평가하는데 매력적인 외모를 지녔다고 해서 더 높은 성적을 부여하면, 학생들은 자신의 외모 때문에 그 역량에 부합하지 않는 기회를 얻게 될 것이므로 그의 숙고된 자유가 침해될 것이다.

반면 동등대우의 법적 책임을 지니지 않는 이상 외모가 매력적이지 않은 개인보다 매력적인 개인을 우대하는 행위 자체가 도덕적 잘못인지는 의문이다. 개인적 영역에서 우리는 흔히 자신이 아름답다고 생각하는 외모를 가진 사람과의 친교에 더 많은 시간을 배정하려 애쓴다. 인간의 겉모습에 대한 우리의 미적 판단이 정치적 힘이나 상업자본이 왜곡한 인종적, 문화적 편견에 온전히 종속되기만 하는 것이 아니라면, 아름다운 겉모습에 대한 선호는 탁월한 바이올린 연주자나 유머 감각이 출중한 개인을 선호하는 것과 다르지 않아 보인다.

이렇듯 외모의 매력에 대한 우리의 차별적 선호는 '도덕적' 잘못과는 거리가 있는 것 같다. 그러나 '윤리적'으로는 중대한 문제이다. 여기에서 나는 로널드 드워킨을 따라 윤리를 도덕과 구별하고 있다. 도덕이 우리가 타인을 어떻게 대해야 하는지를 규율하는 원리와 규칙을 뜻한다면, 윤리는 개인이 자기 삶을 어떻게 살아야 할지와 관련된다.[8] 이러한 구별에 따르면 우리는 도덕적으로 특별히 잘못을 저지르지 않고서도 윤리적으로 잘못 살 수 있다. 내가 인생의 대부분을 기계장치에 접속해 쾌락과 즐거움이 가득한 가상현실로 채운다면, 타인에게는 무해한 삶이겠지만(그래서 도덕적 잘못은 없을 테지만) 내 인생을 잘 사는 것은 아니다. 우리는 주어진 삶을 마치 예술작품을 창조하듯 최선으로 살아 낼 윤리적 의무가 있다고 드워킨은 주장한다.

추함은 정체성일 수 없다

자이니치(在日) 2세대 소설가 김학영은 말더듬이 심한

---

[8] 로널드 드워킨, 『정의론』(민음사, 2015) 1장과 9장을 참조하라.

언어장애를 가지고 있었다. 그에게는 자이니치로서 일본 사회의 타자라는 사실과 언어장애인으로서 '정상' 세계에 결코 진입할 수 없다는 소수성이 병존했다. 이 때문에 김학영은 당대 자이니치 청년들이 가진 민족주의적 정서와 이념 속에서 해방감을 느낄 수 없었다. 일본에서 태어나 자라고 일본어를 모국어로 하면서도 정작 일본 사회 안에 온전히 포함될 수 없다고 느끼는 자이니치 청년은 어느 순간 자신을 일본인이 아닌 한국인(조선인)으로 받아들이고 일본인으로 행세(passing)했던 과거와 결별한다. 그는 자신의 부정적인 사회적 정체성을 긍정적인 것으로 선언하며, 일본 국적과 이름을 버리고 한국어(조선어) 이름을 사용하는 결단을 내리기도 한다.

일본 사회에서 자이니치라는 배경은 확실히 불리한 삶의 조건이다. 그럼에도 자이니치라는 정체성은 어떤 각성을 거쳐 가치 전환에 이른다. 그들은 단일민족 신화로 점철된 전후 일본 사회에서 기꺼이 변방의 자리로, 디아스포라적 위치로 달려가며, 그곳에서 새로운 시각을 획득한다. 그러나 '말더듬'은 어떤가?

김학영은 그의 소설 속 주인공의 입을 빌려 말한

김원영

다. "말더듬이는 자신이 말더듬이로 이해되는 것을 거부한다, 말더듬이로서의 자신은 말하자면 가상의 자신, 거짓의 자신이며, 진짜 자신은 말더듬이가 아니다. …… 말더듬이로 대우받는 것을 굴욕이라고 느끼며 혐오한다."[9] 자이니치 2세대 철학자이자 문예비평가인 다케다 세이지는 김학영에게 '말더듬이'라는 불우의식은 조선인으로서의 불우의식과는 달리, 해방의 길로 이어질 여지가 없는 '닫힌' 의식이었다고 주장한다.[10]

피억압자로서 개인은 가난이나 질병 등 여타의 사회적 소수성이 가진 '전복성'에 매료되는, 드물고 어려운 길로 나아간다. 자폐 스펙트럼이나 자이니치라는 배경은 통상 부정적인 삶의 조건이지만, 특정한 상황과 개인의 실천에 따라 종종 그 개인을 더 특별하고 고유한 존재로 만들어 준다. 하지만 추하다고 평가받는 외모(말더듬 역시 기능적 제약이나 생리적 고통으로서 질병보다는, 개인이 바깥에 어떻게 보여지는가에 관련된다는 점

[9] 김학영, 「얼어붙은 입」, 다케다 세이지, 『'재일'이라는 근거』(소명출판, 2017), 136쪽에서 재인용.
[10] 위의 책, 134쪽.

외모라는 실체에 관하여   27

에서 외모에 속한다.)는 어떤 종류의 '사적 드라마'에서도 상상되기 어렵다. 당신은 가난한 부모를 둔 사실, 이민자라는 사실, 장애인이라는 사실을 정체성으로 수용하는 결단으로 나아갈 수 있다. 그러나 '추함'은 정체성일 수 없다. 나는 아름다운 이민자, 아름다운 장애인, 극도로 빈곤하고 폭력이 난무하는 가정에서 살아남은 아름다운 생존자일 수 있지만, 이 아름다운 존재라는 자기상(self-image)에 아름답지 않은 외모를 통합하지는 못한다. 따라서 추한 외모는 진짜 나의 일부가 아니라고 말해야 한다. 이 닫힌 의식은 이상하고 '못생긴' 변호사 우영우의 출현이 그토록 어려운 이유를 말해 준다.

겉모습이 나의 실체다

김학영이 그러했듯, 내 겉모습과 관련한 의식이 진정 어떤 가치 전환이나 해방의 가능성과도 연결될 수 없는 닫힌 의식이라면 우리는 무엇을 할 수 있을까? 당신이 '말더듬'이 있거나, 키가 작거나, 주름이 가득하거나, 살이 많이 쪘거나, 얼굴에 커다란 상처를 지니고 있다면 말이다. 또는 당신은 그럭저럭 이 세상의 척도에 비추어 어색한 요소가 없음에도 자신의 얼굴과 몸이 마음에 들지 않은 나머지 깊은 열등감을 품었을 수도 있겠다.

윤리적인 삶은 '잘 사는 삶'이며 이는 '가상'에 연결된 채 그저 무해하게 산다고 달성되지 않는다. 그러니 우리는 겉모습이라는 "가상의 자신, 거짓된 자신"과 결별한 채 '내적' 가치에 집중하고 나와 타인의 진정한 '영혼'에 가닿기 위해 애써야 할까? 하지만 이런 것이야말로 우리에게 정신적 안락함을 제공하는 가상이라면?

잘 살기 위해 우리는 '외모'를 제대로 응시해야 하는 것이 아닐까? 나의 지금 겉모습은 내가 살아온 긴 시간을 겹겹이 두르고 있다. 그래서 나의 겉모습은, 불분명한 내적 가치나 '영혼' 따위 이전에 존재하는 '나'라는 실체에 가까울지도 모른다. 내가 살아온 시간을 통과하며 마주한 각종 사건과 경험이 통합되어 있을 겉모습을, 존재 전반을 반영하고 있을 나의 이 외모를, 우리는 용기를 내기만 한다면 제대로 응시할 수 있다. 우리 각자는 자신을 스냅사진 속 이미지가 아니라 오랜 시간 조리개를 열어 둔 채로 관찰할 수 있는 자리에

있기 때문이다. 나는 '나'라는 인간의 거의 모든 시간에 열려 있으므로.[11]

　　시간의 살과 뼈로 만들어진 외모를 제대로 응시할 수 있다면, 그리고 그렇게 바라보던 나의 겉모습에서 어느 날 작은 아름다움이라도 발견한다면, 나는 퍽 잘 사는 것이다. 우리는 종종 장애가 있는, 아픈, 뚱뚱한, 나이 든, 어떤 종류의 상처나 흔적을 가진 몸에게서 "나는 내 몸이 아름답다고 생각해요."라는 고백을 듣는다. 그들의 말을 그저 '정신승리'나 터무니없는 나르시시즘이라고밖에 생각할 줄 모른다면, 그는 자신이 늘 들여다본 '외모'가 삶의 두터운 시간을 입고서 얼마간 아름다워진 순간을 만나지 못한 사람일 것이다. 고백하자면 나는 아직 잘 살지는 못하는 것 같다. 그러나 나의 겉모습이 곧 나의 실체라는 점은 받아들인다.

[11]　누군가를 시각적으로 바라보는 일은 사진촬영이 아니라 '초상화 그리기'에 가깝다.(김원영, 『실격당한 자들을 위한 변론』(사계절, 2018) 8장 참조) 우리는 수많은 순간 속에 등장했던 한 사람의 이미지들을 현재의 이미지 위에 덧칠하여 인식한다. 초상화를 그리는 데 필수적인 요소는 시간과 공간이다. 우리는 어떤 존재를 일정한 시간 동안 바라보아야 하고, 그 존재를 여러 각도에서 다양하게 인식할 수 있는 공동의 공간에 함께해야 한다.

메타버스
아바타의 상태

김애라

김애라　　　이화여대에서 「10대 여성의 디지털 노동과 '소녀성 산업'에 관한 연구」로 여성학 박사학위를 받았다. 디지털 기술의 발전과 변화에 따른 여성의 일과 문화, 정치 참여 그리고 성별 관계에 관한 젠더 분석이 주 연구 분야이며, 한국여성정책연구원 부연구위원으로 재직 중이다. 최근에는 청소년과 청년 세대의 디지털 문화, 디지털 성폭력에 관한 연구를 수행했다. 『디지털 심미안』을 썼고, 『원본 없는 판타지』, 『더 나은 논쟁을 할 권리』, 『디지털 미디어와 페미니즘』 등을 함께 썼다.

[주요어] #아바타 #메타버스 #가상성
[분류] 여성학 > 뉴미디어연구

"제페토 세계에서의 경험은
이용자의 통합적 자아를 구성한다.
제페토에서 아바타를 만들고
패션을 선택하고 소통하는 방식은
몸과 관계 맺는 감각을 만든다.
그런 의미에서 이 아바타들의 얼굴, 몸은
물질적 몸을 넘어선다기보다 재구성한다."

메타버스는 뉴미디어 연구자에게 일면 초조함과 조바심을 불러일으키는 대상이다. 2010년대 뉴미디어로 등장한 인스타그램이나 페이스북 등의 소셜미디어는 이미 익숙한 매체다. 2022년 현재 메타버스는 MZ 세대와 곧 10대가 될 알파 세대가 열광하고 있는 '뉴'미디어로, 새로운 커리어와 경제적 가치 창출이 가능할 뿐 아니라 '끝이 없는 세계'로 탄소발자국을 남기지 않고 무한한 소비를 가능하게 해 주는 지속가능한 세계로도 여겨진다.

10대였던 1990년대 후반 PC통신으로 인터넷을 처음 접한 세대에게 무한한 가능성의 공간이라는 메타버스에 대한 평가는 따지고 보면 새로운 것은 아니다.

인터넷 공간은 등장과 함께 가능성의 공간으로 여겨졌고 실제로 전에는 상상할 수 없었던 경험을 제공했다. 지역적 한계를 넘어 서로의 모습, 이름, 성별 등을 모른 채로 친구가 될 수 있었다. 인터넷이 월드와이드웹에서 소셜미디어 환경으로 이동한 뒤에는 이용자 중심의 웹, 그에 따른 집단 지성과 1인 미디어를 새롭게 경험했다.

그런데 메타버스는 '구' 뉴미디어와 달리 현실의 초월적 혹은 가상적 측면을 활용하는 방법에서 좀 다른 감각을 필요로 하는 것처럼 보인다. 트위터나 인스타그램과 같은 플랫폼에서도 전통적 자아상과 별개로 상상적 자아를 연출할 수 있지만, 그것은 어딘가에 존재하는 물질적 이미지나 경험 등에 기대고 있다. 특히 소셜미디어 공간은 대체로 개인의 고유한 정체성에 근거해 자신을 보여 주는 공간으로 여겨진다. 약간의 꾸밈이 있다고 하더라도 기본적으로 특정 개인의 피드 혹은 콘텐츠는 그 개인을 반영한다. 인플루언서들의 '뒷광고'가 논란이 되었던 것도 이와 같은 점에서였다. 초기 트위터나 페이스북, 인스타그램 등의 이용자는 거의 '실친(현실 친구)'들과의 인맥에서 출발했다.

김애라

그런데 제페토라는 메타버스 플랫폼에서는 나의 전통적 자아나 일상을 드러낼 공간이 필요 없다. 기본적으로 나의 대리이지만 나와 전혀 달라도 되는 아바타를 통해 소통하는 구조이기 때문이다. 바로 이 점에서 나는 제페토에서 어떤 사람이 될지를 새롭게 결정해야 하는 상황에 직면했다.

아바타 만들기라는 난관

2020년 기술매개 성폭력과 청소년의 또래 문화에 대한 젠더 분석 연구를 앞두고 있던 차에 나는 제페토를 설치하기로 야심 차게 마음먹고 곧장 실행에 옮겼다. 그런데 설치하자마자 예상치 못한 난관에 부딪혔다. 아바타를 만들어야만 제페토에 들어갈 수 있는데, 도무지 엄두가 나지 않았다.

물론 아바타는 이전에도 여러 번 만들어 봤다. 최초의 아바타는 커뮤니티 서비스를 제공한 프리챌의 아바타였고, 싸이월드 미니미와 메타버스 플랫폼의 시초 격인 세컨드라이프에서도 아바타를 만들어 본 적이 있다. 그러나 제페토의 아바타 만들기는 시간이 너무 많이 들었다. 제페토에서는 아바타가 '전부'인 것처럼 느껴졌다. 너무 많은 연구와 시간과 노력과 돈까지 투여해야만 하는 일이었다. 희고 빛나는 피부와 큰 눈이 기본값으로 세팅된 아바타 디자인 역시 난관 중의 하나였다.

기존에 내가 만들어 온 아바타에는 물리적인 나의 모습이 조금이나마 반영되었다. 내가 단발 머리칼을 하고 있거나 안경을 쓰고 있다면 그런 소소한 점이라도 반영하는 식이다. 하지만 제페토에서의 아바타는 나의 모습을 반영할수록 어쩐지 제페토 월드에 살고 있는 선주민들의 모습과 영 동떨어져 보였다. 게다가 '어른 눈에 멋있는 아바타'를 만들었다가는 제페토 이용자의 절대다수를 차지하는 알파·MZ 세대와 한마디 말도 섞을 수 없을 것이란 주변 사람들의 경고 역시 떠올랐다.

아바타를 만드는 일은 엄청난 노동이었다. 골라야 하는 옷과 신발, 헤어스타일의 선택지가 어찌나 많은지. 또 얼굴을 커스터마이징하는 과정은 얼마나 지난한지. 무엇보다 아직 '제페토 리터러시'를 모르는 어른으로서 이미 제페토의 '주류'가 된 외모와 패션을 열심

김애라

히 참조해야 했다. 평소 외출 준비를 하던 시간보다 몇 배는 더 많은 시간을 들여야 했다.

아바타를 실제 내 얼굴과 비슷한 외모로 만들고 싶은 욕망은[1] 제페토 세계에서는 통용되지 않는 것처럼 보인다. 제페토에 물리적 현실을 그대로 끌어오고 반영하는 장치가 거의 없기 때문이다. PC통신에서부터 온라인 경험을 시작한 40대 이상의 이용자는 현실의 연장선으로 인터넷을 인식했다. 이때 아바타는 프리챌이나 싸이월드에서와 마찬가지로 나의 신상과 정체성, 생각과 경험을 표현하는 사진첩이나 다이어리 게시물과 엮인 것으로 여겨졌고 그렇게 사용되었다. 한편 제페토 아바타의 비현실적으로 작은 코와 창백한 피부, 큰 입은 인스타그램에서 흔히 본 보정한 얼굴을 닮았다. 어쩌면 지금 제페토의 이용자들이 아바타를 자신을 대리하는 것으로 인식할 수 있는 것은 소셜미디어의 보정된 이미지적 자아를 거쳤기 때문 아닐까. 그것은 이미지의 변형 가능성과 그 변형 가능성과 연

[1] Bloustien, G. F. & Wood, D., "Face, Authenticity, Transformations and Aesthetics in Second Life," *Body & Society* 19(1)(2013), pp. 52~81.

동된 방식으로 생산되는 일종의 새로운 아름다움의 감각에 따른 것이다.

변형된 몸, 변형된 이미지는 오늘날 미디어 문화를 점령하고 있다. 우리의 미디어 경관은 만화에서나 가능했던 고무줄 같은 몸들, 한계 없이 계속해서 변경 가능한 온라인 가상세계의 아바타들, 인스타그램의 보정된 이미지들로 채워져 있다. 딥페이크 소프트웨어로 손쉽게 친구나 모르는 사람의 인스타그램 셀피를 포르노그래피 배우의 얼굴에 합성할 수도 있다. 지금 제페토에 푹 빠진 세대들은 보정한 외모 이미지를 익숙하게 보고 자란 세대다. 마치 10여 년 전 10대들이 성형한 얼굴을 자주 보고 자라 이전 세대에 비해 성형수술에 친숙해졌던 것과 마찬가지로 제페토 세대들에게는 스크린 속의 외모가 오프라인의 외모만큼이나 익숙하다.

제페토 아바타의 얼굴은 물질적 얼굴과 카메라로 촬영한 스크린의 얼굴 이미지, 그리고 그 이미지를 보정한 이미지의 간극을 포함한다. 이 간극은 필연적으로 탈물질적이고, 또 전통적 의미에서 '비현실적'인 얼굴을 만들어 낸다

김애라

희소한 외모 구매하기

제페토의 여러 맵들을 돌아다니고 또 더 많은 아바타들을 만나면서 한 가지 생각이 뚜렷해졌다. 제페토는 여러 면에서 현실과 다른 해방적 특징이 있지만 무엇보다도 아바타(의 외모)가 가장 중요하며 이에 따라 필연적으로 소비 자본주의적 특수성이 크게 드러나는 공간이라는 점이다.

소셜미디어에서 중요하게 여겨지는 진정성(authenticitiy)은 제페토라는 메타버스에서는 통용되지 않는 것처럼 보인다. 소셜미디어 연구자들은 소셜미디어가 빠르게 대중화될 수 있었던 이유이자 소셜미디어적 가치로 진정성을 꼽은 바 있다. 소셜미디어는 이용자들이 곧 콘텐츠 생산자라는 점에서 TV 프로그램이나 광고에서 본 연출된 이야기가 아니라 '진짜' 이야기와 이미지를 제공한다는 신뢰를 받는다.

그런데 세컨드라이프에서는 '실제 자아와 가상 자아 사이의 친밀감'이 중요했다면[2] 제페토 월드에서

---

[2] Ibid.

는 '실제 자아로는 실현하기 어려운 상상적 자아의 대리 실현'이 중요하다. 자아감은 개체화 과정을 통해 형성될 수 있다. 아바타에 현재의 자아보다는 미래의 상상적 자아를 투영하는 제페토에서 그런 개체화 과정은 가족이나 학교, 공론장에서의 상호작용이 아니라 아바타의 모습을 꾸미고 그 아바타의 모습과 활동을 그때그때 이미지로 기록함으로써 이루어진다.

'나'를 구축하기 위해서는, 즉 처음 아바타를 만들 때는 자신이 원하는 외모로 '커스터마이징'하는 작업이 필요하다. 매력적이면서 나를 대변하는 희소한 외모를 돈을 들여 가꿔야 하는 것이다. 어쩌면 제페토의 외모 다양성과 혼종성은 방대한 데이터들 틈에서 가치를 만들기 위한 전략의 결과이기도 하다. 기괴해져 눈에 띄기 위해서도 옷과 다양한 아이템을 구매해야 한다. 이는 헤어스타일이나 패션뿐 아니라 표정이나 포즈 등을 모두 포함하는 아바타 꾸미기가 제페토 활동의 거의 전부라는 점과 무관하지 않다.

제페토 플랫폼이라는 무한한 시공간에서 외모 역시 구매할 수 있는 다양한 조합에 의해 무한해진다. 제페토의 아바타 만들기 시스템에는 캐릭터와 상점, 퀘

스트와 무료코인, 스타일, 크루 등의 메뉴들이 있다. 젬, 코인(제페토의 화폐 단위) 등을 결제하지 않고도 아이템을 구매할 수 있는데, 바로 노동을 하는 것이다. 다만 이 노동은 대체로 소비와 관련된 한정된 노동이다. 기업 PPL 광고를 보거나, 제품들을 알리는 셀카를 찍거나, 제품 광고가 배경인 '부스'에서 사진을 찍는 식이다. 외모 커스터마이징을 위한 아이템을 직접 디자인해 판매할 수도 있다. 제페토의 아바타들은 외모를 꾸미기 위해 각종 소비재를 둘러싼 경제 활동을 한다. 포토부스, 상점, 월드맵 같은 가상공간을 통해 특정 브랜드를 반복적으로 경험하고 결과물을 보여 주고 평가받으며 그 세계의 일원으로 살아갈 수 있게 되는 것이다.

나도 아이돌이 될 수 있을까?

발빠른 연구들에 따르면 제페토가 흥미와 몰입을 유도하는 가장 중요한 요인은 '캐릭터 코디'다. 다양한 패션 아이템들을 착장하고 셀피나 브이로그 등의 콘텐츠를 생산, 게시하면서 제페토 이용자들은 제페토의 세계에 몰입하게 되고 팔로워 증가를 경험하는 것으로 보인다.[3] 2021년 1월 닐슨 코리아의 앱 이용자 연령별, 성별 비중에 관한 조사에서 제페토 서비스 이용자 비중은 7~12세 50.4퍼센트, 13~18세 20.6퍼센트이고, 성별로 보면 남성 23퍼센트, 여성 77퍼센트다. 로블록스를 보면 7~12세 49.4퍼센트, 13~18세 12.9퍼센트이고, 남성 45퍼센트, 여성 55퍼센트다.[4]

제페토의 이용자 다수가 여성이라는 점과 아바타 꾸미기로 팔로워를 늘려 가는 것이 제페토의 주요 활동이라는 점에 주목하자. 많은 연구자들이 밝혔듯 젠더는 테크놀로지 배치의 물적 조건과 사회적 결과를 조건 짓는다. 예컨대 패션 산업과 미용 성형은 정체성을 일종의 기호로 만들어 몸을 자본화했다. 그 결과 정체성은 기술적으로 생산·판매·대여 가능한 것이 되었다.

블핑월드는 제페토에서 가장 인기 있는 맵이다. 이 맵은 제페토 유저들에게 블랙핑크처럼 걸그룹이자 인플루언서가 되어 보라고 권유한다. '블랙핑크'는 대

[3]   고정민·박지언, 「메타버스 플랫폼 제페토를 이용하는 Z세대의 경험 연구」, 《한국과학예술융합학회》 40(2)(2022), 19~32쪽.
[4]   「메타버스에 대해 나와 당신이 알고 싶은 7가지」, 《한국경제》, 2021년 8월 29일 자.

여 가능한 일종의 기호적 정체성이다. K-팝 아이돌을 동경하는 10대 유저들은 걸그룹 외모와 비슷한 아바타를 만들고 걸그룹 의상과 장신구를 구매할 수 있다. 블핑 하우스 등에서 옷을 비슷하게 맞춰 입고 춤추고 소통하며 '걸그룹'에 대한 판타지를 실현한다. '연습생'이라는 단어를 아바타 이름 앞에 붙이기도 한다. 제페토 세계에서 이들은 연습생을 꿈꾼다.

몸은 사라지지 않는다

제페토는 게임과 마찬가지로 채팅과 경제적 활동 수단 그리고 랭킹 시스템을 갖고 있다.[5] '팔로워 수'를 통해 아바타 간 인기를 비교할 수 있으므로 이를 대표적인 랭킹 시스템으로 볼 수 있다. 제페토 내에서 더 많은 팔로우 혹은 친구를 만들고 주목받기 위해서는 희소한 아바타를 부지런히 꾸미고 그 아바타를 통해 제페토 내 콘텐츠를 생산해야 한다. 제페토라는 메타버스는 인플루언서가 되기 위한 플랫폼의 성격을 다분히

[5] 송원일, 「청소년의 신 문화공간 사례연구: 메타버스 중 '제페토(Zepeto)'를 중심으로」, 《청소년문화포럼》(71)(2021), 75~120쪽.

띠고 있다. 인스타그램이나 유튜브 등의 소셜미디어에서는 소셜네트워킹을 하며 인플루언서가 탄생한다면, 제페토는 인플루언서가 되기 위한 과정을 단계별로 밟아 나가도록 디자인되어 있다.

인기 라이브, 실시간 추천 피드 등은 제페토에서 각 이용자의 상태를 나타내는 콘텐츠들이다. 인스타그램이나 트위터처럼 게시물 수, 팔로워, 팔로잉 수를 표시하고 자기소개 상태 메시지를 적게 되어 있다. 게시글과 태그, 스타일이라는 세 가지 카테고리에 숫자가 표시되거나 링크가 걸려 있다. 이때 게시물 섹터에는 말 그대로 셀카 등을 업로드한다. 태그 섹터에는 내가 태그된 사진들이 자동으로 게시된다. 스타일은 다양한 포즈를 취하고 자기 사진 찍기나 배경 꾸미기 등을 하는 곳이다. 그러니까 제페토에서 하는 일은 주로 개성 있게 아바타를 꾸미고, 다양한 월드를 탐험하면서 친구를 만나서 셀피를 함께 찍고 게시물을 올리는 것, 친구와 함께 춤을 추거나 뮤직비디오 혹은 짧은 웹드라마 등을 만들고 이 같은 게시물로 소통하는 것이다.

이러한 제페토 리터러시는 특정한 외모 양식, 즉 몸을 만든다. 제페토에서 매력적으로 통용되는 외모는

김애라

아바타 만들기 과정에서의 각종 옵션과 포토부스, 월드맵, 라이브 방송과 그 관객 등 제페토 플랫폼의 다양한 장치들과의 역동적 상호작용 속에서 인식되고 실천되고 유통된다. 소셜미디어에서 욕망하는 얼굴을 만들기 위한 무수한 이미지 보정들에서 확인했듯, 스마트폰 촬영과 앱 보정을 통한 변형 이미지와 함께 생성되는 미감은 메이크업이나 성형 등을 통한 몸의 변형에도 영향을 미친다.[6] 제페토 세계에서의 경험은 이용자의 통합적 자아를 구성한다. 제페토에서 아바타를 만들고 패션을 선택하고 소통하는 방식은 몸과 관계 맺는 감각을 만든다. 그런 의미에서 이 아바타들의 얼굴, 몸은 물질적 몸을 넘어선다기보다 재구성한다.

제페토 세계관 안에서 정체성은 자유와 선택의 문제인 것처럼 보인다. 마치 인터넷 기술이 대중화되기 시작한 때 사이버공간이 '어떤 제한도 금지도 부과되지 않는, 상상되고 행동될 수 있는 것에는 어떠한 한계도 없는'[7] 공간으로 여겨졌던 것과 비슷하다. 그러나

[6] 김애라, 『디지털 심미안』(서해문집, 2022).
[7] Heim, M., "The erotic ontology of cyberspace," *Cyberspace: first steps*(The MIT Press, 1991), pp. 59~80.

메타버스 공간에서 정체성은 물리적 세계에 얽매인 이미지로 구현된다. 제페토에서 형성되고 있는 인플루언서 문화와 각종 브랜드 로고가 새겨진 아바타 패션과 현실의 아이돌 이름을 딴 '월드'의 존재는 우리가 아직 초월적 세계보다는 물리적 세계 안에 존재하도록 강제되고 있음을 알려 준다.

김애라

패션 역주행에
대처하는 법

박세진

박세진　　패션에 관한 글을 쓰고 번역을 하며 패션 사이트 패션붑 (fashionboop.com)을 운영한다. 『패션 vs. 패션』, 『레플리카』, 『일상복 탐구: 새로운 패션』을 썼고 『빈티지 맨즈웨어』, 『아빠는 오리지널 힙스터』, 『아메토라: 일본은 어떻게 아메리칸 스타일을 구원했는가』 등을 번역했다. 이외 다양한 매체에 기고를 하고 강연, 자문 등의 활동을 하고 있다.

[주요어] #Y2K #로라이즈룩 #자기몸긍정주의
[분류] 예술문화 > 패션비평

"어떤 옷이 내 삶의 방식이나
가치 기준에 맞는지 탐색하는 데는
정보를 찾고 시행착오를 거치는
과정이 있기 마련이다.
삶이 주어지는 동안
적당한 옷을 계속 찾아가는 일은
아주 당연하다고 생각해야 할 거다."

2022년 봄여름 컬렉션에 프라다의 서브라벨인 미우미우는 치노, 샴브레이, 포플린, 울 니트를 가지고 만든 크롭톱, 미니스커트, 쇼트 팬츠 등을 등장시켰다.[1] 이런 소재는 학생복이나 매장 유니폼처럼 심플하고 단정한 옷에 많이 사용된다. 미우미우 런웨이에는 실제로 그와 같은 옷들이 변형되어 올랐다. 포플린 셔츠와 치노 바지는 극단적으로 짧아져 언더붑(가슴 아래가 보이는 상의), 로라이즈(밑위가 짧은 하의) 룩으로 변형됐다.

스웨터나 셔츠 아래를 잘라 버리고, 쇼트 팬츠를 가슴까지 끌어 올려 브라톱을 만들기도 한다. 하의로

[1]   이 패션쇼는 미우미우 유튜브 공식 채널(https://www.youtube.com/miumiu)에서 볼 수 있다.

는 극단적으로 짧은 미니스커트나 바지가 나온다. 내부에 감춰져 있던 주머니가 바깥으로 튀어나오고 스커트 밑단은 대충 자른 듯 실이 너풀거린다. "이런 답답하고 재미없는 옷이라니!"라고 외치며 가위를 들고 면 셔츠와 바지를 자르는 모습을 상상하면 이런 컬렉션들을 이해하는 데 조금 더 도움이 될 듯하다. 긴 양말과 로퍼 같은 아이템이 룩의 완성을 돕는다.

재미있는 점은 상의-배-하의 구성이 이루는 비율이다. 크롭톱과 미니스커트 사이의 간격은 꽤 먼데, 목에서 허벅지까지 옷으로 덮인 신체 구간은 대략 2.5 대 3 대 2 정도로 나뉜다. 즉 상의나 하의가 몸을 가린 부분이 가운데 드러난 배 부분보다 조금씩 작다. 이 비율은 기존 크롭톱 룩과 달리 허리의 길이를 극대화하고 있어 살짝 낯설게 느껴진다. 위에서 상상한 스토리를 다시 떠올려 보자면 쓱쓱 자르는 서툰 손길 덕분에 비율이 다른 결과물이 나왔다고 볼 수도 있겠다. 학생복 소재로 만든 언더붑이나 바지를 끌어 올린 크롭톱 같은 걸 보면 전반적으로 기존의 옷차림을 약간씩 뒤틀며 장난을 치고 있다. 말하자면 패션식 유머라 하겠다.

박세진

Y2K 패션의 소환

시간을 앞으로 돌려 보자. 1998년 브리트니 스피어스는 「베이비 원 모어 타임(Baby One More Time)」 뮤직비디오에 크롭톱에 미니스커트 룩을 입고 나왔다. 이 룩은 패리스 힐튼이나 데스티니 차일드 같이 당대의 패셔니스타들이 입는 2000년 초반 주요 패션 트렌드 중 하나였다. 뮤직비디오 속 브리트니 스피어스도 학교에서 학생복을 약간 비뚤어진 방식으로 입었으니 미우미우 룩과 일맥상통하는 점이 있다. 여하튼 소위 Y2K 패션의 재소환이다.

언더붑도 Y2K 패션이다. 2002년 MTV 비디오 뮤직 어워드 레드 카펫에 크리스티나 아길레라가 입고 나온 홀터톱은 가슴 아래 부분이 드러나 있었다. 사람들은 그걸 언더붑이라고 불렀다. 시간이 흘러 2016년 카네이 웨스트 「페이드(Fade)」의 뮤직비디오에 댄서로 나온 테야나 테일러의 언더붑 룩이 화제를 일으키면서 언더붑은 다시금 글로벌 트렌드로 자리 잡았다.

미우미우의 크롭톱과 언더붑 룩은 곧바로 세계로 퍼져 나갔다. 해외 유명 쇼핑몰에서는 미니스커트가 몇 년 만에 최대 검색량을 기록했고, 그만큼 많이 팔려 나갔다. 국내에서도 잡지, 인스타그램 등에서 유명 아이돌과 배우가 크롭톱에 미니스커트를 입었다. 언더붑 룩 역시 몇몇 패셔니스타들이 시도하며 화제가 되었다. 오버사이즈 룩과 원마일웨어[2] 등 노출 없는 패션이 한동안 대세를 이뤄 온 것을 떠올리면 몸을 가리는 답답한 옷의 상징인 학생복과 유니폼을 뜯어 버리고 정리 안 된 실을 휘날리며 런웨이에 선 모델들의 모습은 최근 패션의 방향에 대한 반항 그 자체로 보인다. 예전처럼 '멋진' 몸을 드러내며 '폼' 나는 인생 살아 보자는 외침 같기도 한다.

물론 패션은 맥락 위에 놓여 있다. 같은 모습의 옷이라도 시대에 따라 의미가 다르게 읽힌다. 1980년대의 오버사이즈 룩이 사회에 진출해 상층부로 올라간 여성들이 권위적인 모습을 연출하기 위해 등장했다면, 2020년대 오버사이즈 룩은 편안함과 기능성이 우선이며 성별과 몸매에 대한 사회적 편견을 사전에 차단하는 용도로 사용된다. 마찬가지로 Y2K룩이 어쩌다

---

[2] 집 근처 1마일 내에서 입는 옷이라는 의미로, 집에서나 가볍게 외출할 때나 편안하게 입을 수 있는 차림새를 말한다.

박세진

2022년에 다시 나타나게 된 걸까를 생각하려면 지금의 상황을 더 넓은 시각에서 바라봐야 한다.

패션이라는 최면

사회적 동물인 인간은 상대와의 만남에서 주어진 작은 정보를 통해 뭔가를 빨리 파악해 내야 한다. 향이나 목소리도 있겠지만 보통 타인이 첫눈에 보는 건 나의 생김새와 내가 입고 있는 옷이다. 의학 기술이 발달했다지만 날 때부터 주어진 생김새는 변형하는 데 한계가 있다. 이에 비해 옷은 의도에 따라 적극적으로 바꿀 수 있다. 패션은 외모를 만들어 내는 방식이다. 자신을 표출할 수도 있고, 자신에게 없는 것을 보충할 수도 있다. 혹은 앞으로 되고자 원하는 모습을 투영하기도 한다. 즉 패션은 세상에 보내는 시그널이다. 그 결과물은 타인에게 심는 내 이미지가 되거나 나에게 거는 최면이 된다.

이런 정보가 과연 신뢰할 만한가는 의심의 여지가 있다. 외모에서 비롯된 이미지가 오해나 편견을 빚는 경우는 흔하다. 하지만 외모가 이미지 형성에 강렬한 영향을 미치는 것은 분명하므로 패션 산업은 외모의 영향력을 보다 중요하게 여기도록 밀어붙여 왔다. 이상적인 외모를 설정하고, 강력한 이미지로 그것을 사람들에게 주입해 추종하도록 유도하고, 따라오지 못하는 사람들을 배제하는 식으로 패션을 특별함의 영역으로 만들어 냈다.

큰 키에 마른 몸매, 하얀 피부를 이상적인 여성의 신체로 표준화하고 동경의 대상으로 획일화하는 사회 분위기는 미국의 소비문화와 모델 산업이 급격히 성장한 1920년대에 두드러졌다. 이 시기에 만연한 계급주의와 인종차별주의에서 비롯된 현상이다.[3] 이상적인 신체의 표준은 이후 유행에 따라 조금씩 변화했지만 극히 일부 사람만 그 이상을 실현할 수 있다는 점은 변하지 않았다.

수많은 광고를 앞세운 패션과 미디어 산업은 각자의 개성을 존중하고 추구한다는 슬로건을 내세우면서도 획일화된 신체의 이미지를 꾸준히 강화하고 재생산

[3] 자세한 내용은 Crystal Martin, "Why Does the Beauty Industry Ignore Curvy Models?," *The New York Times* (2016. 7. 5.)를 참고할 것.

박세진

했다. 살찐 몸집에서부터 발 크기까지 표준과 다른 모든 것이 희화화되고 CD에 가려지는 얼굴, A4 용지에 가려지는 허리, '초콜릿 복근' 같은 것은 찬사받는다. 표준 바깥의 몸을 가진 사람은 자기관리가 소홀하다거나 게으르다는 부정적 프레임이 씌워진다. 그렇게 서로 다를 수밖에 없는 겉모습은 각자의 '문제'로 환원되고, 보기 싫은 걸 보지 않을 '권리'가 있다는 생각이 영향력을 행사하게 되었다.

자기 몸을 긍정한다

1990년대 빅토리아 시크릿이나 아베크롬비앤피치는 공공연히 소비자를 차별하고 배제했다.[4] 마른 신체, 글래머러스한 몸매, 섹시함을 드러내는 (속)옷이 '자기'를 위한 것으로 포장되었다. 물론 패션을 구속하던 전통적 굴레가 워낙 강력했기 때문에 그런 옷을 입는 게 행동의 자유를 의미하는 측면이 있기는 했다. 하지만 그런 패션은 대부분 남성 중심 사회의 성적 대상화와

---

[4]   넷플릭스 다큐멘터리 *White Hot: The Rise & Fall of Abercrombie & Fitch*(2022) 참고.

만나게 된다.

2000년대에는 패션계에 여러 사건이 발생했다. 특히 케이트 모스로 대표되는 마르고 병약한 모델 특유의 미감이 주목받으면서 점차 더 극단적으로 마른 모델들이 등장했다. 이런 흐름 속에서 2010년 심각한 거식증을 앓던 모델 이사벨 카로가 사망하는 사건이 발생했다. 이후 미투와 블랙 라이브스 매터(Black Lives Matter) 운동이 일어났고 패션계 안팎에서도 신체, 젠더, 인종 다양성에 대한 요구가 폭발했다.

상업적인 요인도 영향을 미쳤다. 과거 패션의 주 소비층이 유럽과 북미의 백인 또는 서구 문화를 동경하는 사람으로 이뤄져 있었다면, 21세기에 들어 그 범위는 동아시아, 중동, 아프리카 등으로 대폭 확장되었다. 다른 한편에는 주류로 부상한 힙합과 대중문화, 인터넷 문화 속에서 자라난 새로운 세대가 등장했다. 이들은 딱히 유럽을 중심으로 형성된 20세기의 패션을 동경하지도 않았다. 다양성, 포용성, 유연성 등 이전과는 다른 가치가 패션에서도 중요해지면서 브랜드들은 새로운 디렉터를 찾아 나서며 색다른 이미지를 구축했다. 플러스 사이즈 모델, LGBTQ+ 모델, 시니어 모델

등 좀 더 다양한 사람이 광고와 캣워크에 등장하기도 했다.

2015년 프랑스 국회는 지나치게 마른 모델을 패션 쇼에 세우지 못하게 하는 규정을 통과시켰다. 영국에서는 광고표준위원회의 주도 아래 패션 광고에서 너무 마르거나 어려 보이는 모델을 규제했고 실제로 2015년 이브 생로랑의 여름 광고, 2016년 구찌의 겨울 광고가 방영 금지되기도 했다. 이 위원회는 여성의 성적 대상화를 비롯해 성역할에 대한 고정관념을 전달하거나 특정한 체형을 강요하는 광고도 금지했다.

이런 변화의 중심에는 몸의 위계에 반발하는 자기 몸 긍정주의가 있다.[5] 자기 몸 긍정주의는 2010년대 들어 다양성에 대한 요구와 소셜 미디어 문화가 결합하면서 광범위하고 강력한 영향을 미쳤다. SNS를 활용하는 새로운 세대의 패션관에는 분명 정치적 올바름을 추구하는 경향이 발견된다. 하지만 빠른 정보 전달과 고화질 이미지 제작·유통 기술의 발달 속에서 몸집,

[5]   1800년대 중반 빅토리아 시대의 코르셋 문화에 반발한 자기 몸 긍정주의는 1960년대, 1990년대에도 한 번씩 등장했다. 관련 정보는 위키피디아 'body positivity' 항목 참고.

피부색, 피부결, 눈썹 모양 등 자잘한 결점까지 감시하고 평가하는 분위기도 마찬가지로 팽배해 있다. 이런 문제에 책임이 있는 패션·미디어 업계에 반성과 변화를 촉구하고, 인간의 다름을 주체적이고 실질적으로 인정하는 게 자기 몸 긍정주의다.

패션의 즐거움과 수고로움

자기 몸 긍정주의는 마른 모델은 틀리고 플러스 사이즈는 옳다거나 노출은 악이라는 주장을 하지 않는다. 사실 타인의 생긴 모습, 몸집, 착장, 패션이 내면에 관해 알려 주는 정보는 거의 없다. 문제는 입고 있는 옷에 전통적 성 역할이나 인종적·문화적 편견 같은 잣대를 들이대 실질적 압력이 생기면서 발생한다. 어떤 사람은 편안한 옷을 입어야 능률이 오르지만 또 어떤 사람은 몸을 압박하고 불편한 옷을 입어야 에너지를 얻을 수도 있다. 이는 각자의 맥락에 따라 다를 뿐이다. 어떤 몸 상태가 좋은지, 어떤 패션이 좋은지는 스스로가 찾아가야 할 영역이다. 생각해 보면 패션은 원래 그런 것 아닌가. 각자 다르기 때문에 재미가 있고 의미가 생긴다.

미우미우의 로라이즈 룩은 이런 분위기 속에서 등장했다. 미우미우 패션쇼의 캣워크에는 이제까지 많이 봐 온 마른 모델만 등장했지만, 패션 미디어와 SNS는 이 룩을 꽤 흥미롭게 소비했다. 미우미우의 로라이즈 룩을 입은 플러스 사이즈 모델이나 남성이 잡지 화보에 등장했고 표지에도 실렸다. 새로운 세대의 자기 몸 긍정주의와 다양성이 미우미우의 옷 위에 약간은 강제로 씌워진 셈이다. 이런 현상은 전형적인 패션 아이템을 이전과 다른 태도로 대하는 사람이 늘어났다는 증거일 수 있다. 하지만 미우미우가 정말 로라이즈와 언더붑을 그런 방식으로 소비하기를 원했다면 캣워크에 다양한 체형의 사람들을 세우지 않았을까. 레트로 유행에 편승한 패션 브랜드가 구시대적 패션관을 복구하려는 사이에, 다이어트를 일상적으로 하는 셀러브리티들은 너도나도 이 옷을 입고 SNS에 사진을 올렸다. 사람들은 '이번 여름엔 뱃살과 몸집을 어떻게 해야 하는 건가' 하는 예전의 그 고민으로 되돌아갔다.

이런 식의 패션 역주행은 앞으로도 종종 등장할 것이다. 이전의 가치 체계를 그리워하는 사람이 있는가 하면 성별화된 미적 기준에서 이익을 얻는 누군가도 분명 있다. 패션은 다양성을 판매하려 하면서도 폼나고 멋진 '이상적' 신체, 배제와 차별화가 제공하는 특별함도 계속 제시할 거다. 패션 브랜드가 광고나 룩북, 화보와 연예인 협찬으로 줄기차게 몰아붙이는 '다르다'는 이미지는 지금 유행하는 것들을 과거의 유물로 몰아내고 사람들의 가치관을 재구축한다. 이렇게 패션 미감의 가치 기준을 주도하는 건 아주 큰 이익이 나기 때문이다. 그리고 세상에는 남의 사정을 전혀 상관하지 않고 고루한 고정 관념을 재생산하며 '몸평', '얼평'을 하는 눈길이 여전히 넘쳐흐른다.

그렇다 하더라도 자기 몸 긍정주의는 이제 거스를 수 없는 방향이다. 모르면 몰랐지, 일단 의식이 자리 잡고 나면 쉽게 돌아가지 않는다. 패션은 다름을 각자의 방식으로 더욱 다채롭게 할 수 있도록 하는 양식이고, 패션 본연의 즐거움은 결코 억지로 주조된 몸에서 나오지 않는다. 하나의 패션 브랜드가 모든 다양성을 대변할 수는 없겠지만 적어도 다양성을 지향하는 방향 설정은 필요하다. 내가 무엇인가 마음에 든다면 '왜'에 관해 조금 더 깊이 생각해 봐야 하는 시기다. '내' 마음에 들어서 입는다고 말하지만 그런 선호는 대부분 사회적으로 결정된 흔적이다. 어떤 옷이 마음에 든다면 그 브랜드와 디자이너가 어떤 태도를 가지고 있는지, 누가 어디에서 만들었는지도 고려할 문제다. 이렇게 옷의 배경에 있는 정보를 탐색하는 데는 돈, 시간, 수고로움 같은 비용이 든다. 디자이너 옷이 아니더라도 어떤 옷이 내 삶의 방식이나 가치 기준에 맞는지 탐색하는 데는 정보를 찾고 시행착오를 거치는 과정이 있기 마련이다. 저절로 이뤄지는 일은 없으며 남들이 좋다는 옷, 멋지다는 옷이 나에게 맞을 거라는 보장도 없다. 결국 삶이 주어지는 동안 적당한 옷을 계속 찾아가는 일은 아주 당연하다고 생각해야 할 거다. 게다가 지금 같은 대전환의 과도기라면 과거의 유산들을 치워버리기 위해 더더욱 감수할 만한 것이 아닐까.

K-성형수술의
과학

임소연

임소연　　　페미니스트 과학기술학 연구자. 서울대 자연과학부를 졸업하고 미국 텍사스 공대에서 박물관학으로 석사학위를, 서울대 과학사 및 과학철학 협동과정에서 과학기술학 전공으로 박사학위를 받았다. 여성과 과학기술의 관계를 탐구하는 『신비롭지 않은 여자들』과 『겸손한 목격자들』(공저)을 썼다. 현재 동아대 기초교양대학 조교수로 재직 중이다.

[주요어] #K-뷰티 #인종과학 #살아있는몸
[분류] 과학기술학 > 의료기술

"아시아인은 그저 더
아름다워지고 싶을 뿐이라는
간단명료한 설명은 성형수술이
인종주의의 도구라는 혐의에서
자유롭게 해 주었다.
이른바 인종'과학'의 출현이다."

한국은 세계적인 성형 대국이다. 2014년에 시행된 한 조사에서 한국은 인구 10만 명당 성형수술 시술 횟수 898회를 기록해 브라질 669회, 콜롬비아 536회를 제치고 세계 1위를 차지했다.[1] 성형수술은 한국의 주요 수출품이기도 하다. 앞선 조사가 이루어진 해에 전국 성형외과의 약 40퍼센트가 밀집한 강남구에는 의료 관광 센터와 의료 관광 협회가 설립되어 있었다. 이곳을 찾은 외국인 환자의 76퍼센트가 피부과와 성형외과에서 진료를 받았다고 한다.[2] 세계화와 K-팝의 득세에

[1] Paul I. Heidekrueger et al., "Global Aesthetic Surgery Statistics: A Closer Look," *Journal of Plastic Surgery and Hand Surgery* 51(4)(2016), pp. 270~274.

힘입은 'K-성형미인'은 글로벌 브랜드로 자리 잡았다.

1990년대 이후 오랫동안 서구 학자들은 인종주의의 관점에서 유색 인종의 성형수술을 해석해 왔다.[3] 이때 인종주의란 유색 인종이 백인의 신체를 표준 또는 정상으로 삼고 이에 맞는 외모적 특성을 얻고자 성형을 한다는 것으로, 한국의 성형 붐에 대해서도 비슷한 논리가 적용되었다. 그런데 옛날이라면 모를까, 30년이 지난 오늘날 한국 사회에서 백인을 닮고 싶다는 이유로 성형을 하는 사람은 찾기 어렵다. 지금 성형수술은 아시아인을 백인처럼 보이게 하는 인종주의 이데올로기의 실현이 아닌, 아시아인을 더 자연스럽게 아름다운 아시아인으로 만드는 '과학'의 실천에 가깝다. 내가 성형수술 현장 연구자로서 본 것 역시 인종주의 자리에 들어선 과학이다.[4]

[2] 「올해 16곳 개업, 19곳 폐업…… 강남 성형외과도 양극화」,《한겨레》 2014년 6월 15일 자.

[3] Eugenia Kaw, "Medicalization of Racial Features: Asian American Women and Cosmetic Surgery," *Medical Anthropology Quarterly* 7(1)(1993), pp. 74~89.

[4] 이 글의 일부 아이디어와 내용은 인류학자 알렉산더 에드먼즈와 함께 쓴 성형수술과 아름다움, 인종에 관한 논문에 기초한다. Edmonds, Alexander & So Yeon Leem, "Making Faces Ra-

임소연

쌍꺼풀 수술의
인종주의적 역사

아시아인의 성형수술 중 인종주의적 맥락으로 해석된 대표적인 수술이 바로 쌍꺼풀 수술이다. 눈은 의학적으로나 문화적으로나 아시아인과 서양인의 차이가 가장 잘 드러나는 부위다. 지금도 한국 여성들이 가장 흔히 하는 수술인 쌍커풀 수술이 처음 도입되고 발전한 배경을 이해하기 위해 한국의 근대사와 지정학적 위치를 살펴보자.

한국인을 대상으로 한 쌍꺼풀 수술은 근대화와 냉전이라는 이중의 맥락에서 시작되었다. 한국에서 처음 쌍꺼풀 수술을 집도한 의사는 한국전쟁 시기 미군과 함께 내한한 미국의 군의관 데이비드 랠프 밀라드로 알려져 있다. 밀라드의 회고에 따르면 그가 쌍꺼풀 수술을 해 준 한국인 남성 통역사는 '째진 눈'이 음흉해 보인다는 말을 자주 들어서 '둥근 눈'으로 바꾸고 싶어

cial: How Plastic Surgery Enacts Race in the US, Korea and Brazil," *Ethnic and Racial Studies* 44(11)(2021), pp. 1895~1913.

했다. 또 미군과 어울리던 일부 한국 여성들은 서양인에게 매력적으로 보이고자 쌍커풀을 원했다. 북미 유대인들이 유대인 특유의 코를 코카서스 백인처럼 바꾸려 코 성형을 했듯이 그 당시 한국인은 백인들의 신뢰를 얻기 위해 눈을 교정했다. '믿을 수 없는' 아시아 현지의 통역사, 미군과 결혼한 '전쟁 신부'는 냉전이 만든 존재들이다. 쌍꺼풀 수술이 만든 둥근 눈은 아시아인이라는 타자를 서구 백인들에게 덜 위협적인 존재로 바꾸어 주었다.

전후에서 1990년대까지 한국의 성형수술은 여전히 서구화와 근대화의 맥락에 있었다. 성형수술이 의료 행위로 합법화되고 국내 의과대학에서 성형외과 의사를 배출하기 시작한 1970년대를 지나 경제성장기인 1980~1990년대에 이르면 성형수술은 일종의 현대 문화로 자리 잡는다. 사회경제적 지위가 중산층 이상인 여성들에게 성형수술은 화장이나 머리 가꾸기의 연장선에 있는 일상적인 자기 관리 행위였고, 강력한 소비 주체로 호명된 '신세대'나 'X-세대'에게는 전통적인 가치에 매몰된 구세대와의 차별성을 극단적으로 보여 주는 소비 행위였다. 이들 모두가 서양의 현대적인 생활

양식을 따르고자 성형수술을 택했듯, 성형수술이 지향하는 아름다움의 기준 또한 백인의 얼굴에 맞춰졌다. 눈꺼풀이 둘로 겹친 둥근 눈은 한국인이 갖지 못한 서양의 것이었다.

세계로 진출한
한국 미인

한국인의 성형수술 전면에 있던 인종주의와 근대화 논리는 점차 흔적을 감췄다. 1990년대 말 서울 강남을 거점으로 성형 산업이 폭발적으로 성장하고, 2000년대 아시아를 중심으로 한류 열풍이 일면서 성형수술이 추구하는 이상은 백인 여성의 표준 얼굴에서 한국 여성의 예쁜 얼굴로 바뀌었다.

이 모든 변화의 핵심어는 세계화다. IMF 경제 위기로 한국 사회에 신자유주의가 들어오면서 사람들은 무한경쟁이라는 현실과 세계 속의 한국을 의식하게 되었다. 2000년대 강남에는 성형외과 개원이 급증했는데, 외모가 개인의 경쟁력을 높이는 자본으로 여겨지면서 시장은 더욱 커졌다. 한국이 성형 대국이라는 명성을 얻게 된 것은 이때부터다. 20세기 말만 하더라도 서구적인 삶의 방식의 상징이었던 성형수술은 새로운 세기에 들어 전 국민의 무한경쟁 수단이 된 셈이다.

외모가 개인의 경쟁력이 되면서 미의 기준과 조건은 한층 세련되어졌다. 한국인의 세련된 스타일은 한국 드라마와 음악을 통해 널리 퍼지며 아시아인들에게 아시아인이 기준인 미의 참조점으로 작용했다.[5] 21세기 한국의 성형수술은 서구 백인과 한국인의 비교에서 도출되는 쌍꺼풀 유무와 코의 높이같이 단순한 척도가 아니라 한국인의 '자연스러운 아름다움'이라는 총체적인 미적 가치를 지향하게 되었다. 이제 쌍꺼풀이 있으면 서구적인 예쁜 눈, 없으면 동양인의 못생긴 눈이라는 이분법은 성립하지 않는다. 21세기 한국에서 성형 기술은 백인을 닮고자 하는 실천이 아니라 이상적인 한국인의 아름다움을 구현하는 쪽에 가깝다. 목적이 인종의 변화가 아니라 보전에 있는 것이다.

[5] 사실 2000년대부터는 눈을 크고 둥글게 만들기 위한 앞트임, 뒤트임 시술이 등장하며 기술적으로 진짜 백인의 눈에 가까운 눈을 만들수 있었다. 이렇게 커진 눈은 인위적이고 부자연스러운 것, 동경이 아닌 조롱과 희화화의 대상으로 전락하기도 했다.

임소연

인종 과학과
아시아 미인의 탄생

성형수술의 현장을 들여다보면 뜻밖에 인종이 의과학적 사실로 실행되고 있음을 알 수 있다. 2차 세계 대전 이후로 인종 차별을 정당화하는 과학이 설 자리를 잃으면서 유전형으로서의 인종은 사실상 무의미해졌다. 그러나 성형외과나 수사과학 등 일부 과학과 의학 분야에서 활용하는 표현형으로서의 인종이 완전한 허구인 것은 아니다. 성형외과 의사들은 여전히 '흑인의 코'나 '아시아인의 눈' 같은 표현을 쓰면서 특정 수술에 대한 환자들의 기대와 수요를 충족시킨다. 이런 의사들을 단순히 인종주의자라고 말할 수 없다. 그들이 인체계측학, 디지털 모델링과 같은 기술과 과학 지식에 기대어 '인종적 특징'이라는 수술 가능한 의학적 대상을 만들기 때문이다.

1968년 캐나다로 이주한 헝가리 태생의 성형외과 의사 레슬리 파카스는 성형수술과 관련해 인종을 과학화한 대표적인 인물이다. 그는 두개안면 인체계측학의 선구자로, 인종별 표준이 아닌 모든 인간의 이상을 규정하기 위해 이 지식을 사용했다. 과거의 성형수술이 얼굴에서 이상적인 비율을 찾는 신고전주의 정전을 동원했다면 파카스는 이상적인 아름다움에 대한 매우 상세한 규범과 새로운 지식을 창조했다. 예를 들어 「코의 지리학」이라는 논문에서는 16개의 코 측정치, 15개의 두개안면 측정치, 29개의 서로 다른 "비율 지표"들을 제시한다.[6] 이 측정 데이터는 백인, 아시아인, 흑인 코의 인종적 특징들의 차이를 정의하는 데 쓰였다. 같은 방법으로 인종 내에서의 표준적인 여성의 얼굴과 매력적인 여성의 얼굴을 비교하기도 했다.

이상적인 얼굴의 비율을 상세하게 정의하는 인체 계측학의 작업은 성형수술의 발전에 날개를 달았다. 인종을 바꾸는 것처럼 보이는 성형 기술이 외모 개선의 문제로 전환된 것이다. '아시아인은 백인이 되려는 것이 아니라 그저 더 아름다워지고 싶을 뿐'이라는 간단명료한 설명은 성형수술이 사회병리적 현상이거나 인종주의의 도구라는 혐의에서 자유롭게 해 주었다.

[6]   Farkas L. G. et al., "Geography of the Nose: A Morphometric Study," *Aesthetic Plastic Surgery* 10(1)(1986), pp. 191~223.

이른바 인종'과학'의 출현이다.

인종과학과 접속한 성형수술은 눈의 형태, 간격, 쌍꺼풀 모양 등 각 개인의 특징을 세세하게 측정해 겉모습의 차이를 새로운 방식으로 인종화했다. 한국 성형외과 의사들이 발표한 연구[7]에서 아시아인의 눈은 형태적으로 여덟 가지로 구분되는데, 아시아인의 눈과 서구인의 눈의 해부학적 차이는 눈꼬리 중에서도 위쪽 눈꺼풀과 아래쪽 눈꺼풀이 합쳐지는 곳을 뜻하는 '외안각'의 기울기 등 세부 지표로 수치화되어 표현된다.

K-성형 과학이
말해 주는 것

성형수술의 실천에서 인종은 평균의 문제인 동시에 과도함의 문제다. 지나치게 한국인다운 얼굴이라면 그 평범함을 이유로 성형수술을 권유받는다. 그런데 이

[7] Rhee, Seung Chul, Kyoung-Sik Woo, & Bongsik Kwon, "Biometric Study of Eyelid Shape and Dimensions of Different Races with References to Beauty," *Aesthetic Plastic Surgery* 36(5)(2012), pp. 1236~1245.

렇게 수술한 결과가 또 한국인처럼 보이지 않는 얼굴로 바뀌면 안 된다. 아시아인은 다른 인종보다 눈에 지방이 많지만 적절한 정도라면 교정 대상이 되지 않는다. 이는 아시아인의 특성이기 때문이다. 코는 '너무 넓거나' '너무 낮은' 경우 '한국적인' 코로 일컬어지며 성형수술의 대상이 된다. 턱은 어떤가? 작고 갸름한 턱을 만드는 양악수술은 합병증이나 부작용이 적잖게 보고되는 위험한 수술이다. 한때는 재건용으로만 행해졌으나 2010년을 전후로 한국 사회에서 폭발적으로 대중화되었다. '너무 넓거나 큰' 턱은 전형적인 한국 여성의 턱이자 여성의 얼굴을 '남성적'으로 보이게 하는 특징이다. 인종과 젠더는 턱에서 이렇게 교차한다.

인체계측학과 디지털 모델링의 결합으로 매력적인 얼굴은 측정 가능한 대상이 되었다. 한국인과 코카시안 백인, 흑인 여성에서 각각 평균적인 얼굴과 매력적인 얼굴을 도출한 연구가 있다.[8] 이 연구에 따르면 위계는 백인종과 유색 인종 사이에 있지 않고 각 인종 안에 있다. 매력적인 여성의 얼굴에서 인종적 차이는

[8] Ibid.

거의 없다. 인종적 차이가 눈에 띄는 것은 세 인종의 평균적인 얼굴에서다. 사진계측 분석이 잡아낸 아름다운 여성의 공통적인 특징은 '눈과 눈 사이의 간격이 멀고 턱이 작은' 얼굴이다. 그야말로 인종을 초월한 보편적인 아름다움의 탄생이다. 이제 미인은 국제적으로 통하는 기준이자, 과학적으로 측정할 수 있고 의학적으로 획득할 수 있는 자질이다.

나는 운 좋게도 성형 과학의 현장을 가까이에서 볼 기회가 있었다. 내가 참여 관찰한 성형외과의 의사가 이러한 '과학'을 실천하는 사람이었기 때문이다. 그는 상담하러 온 사람에게 무턱대고 쌍꺼풀 수술이나 코 성형을 하라고 권하지 않았다. 반대로 이미 코를 높이고 온 사람에게 삽입한 코의 보형물을 빼라고 말했다. 그는 코를 높이는 수술은 백인의 얼굴을 닮고자 했던 일본인이 전파한 것으로 한국인의 얼굴이 지닌 미적 가치를 떨어뜨린다고 비판하곤 했다.

양악 수술을 주로 집도하는 그에게 아름다운 얼굴을 만드는 필수 조건은 턱의 비율이었다. 눈썹과 코 밑에 각각 수평선을 그어 구분한 얼굴의 세 영역을 상안면부, 중안면부, 하안면부라고 할 때, 그의 이론상 상안면부와 중안면부의 비율이 일대일이고 하안면부가 이 두 영역보다 작아야 미인이다. 코 수술은 중안면부를 길어 보이게 만들어 이 비율을 깨뜨리는 효과를 내기에 부적절하다. 상담 중에 모니터에 띄우는 유명 한국 여자 배우들의 사진은 그 이론을 입증하는 증거다. 흥미로운 점은 유명한 백인 여자 배우들의 사진이 '큰 아래턱'을 가져서 예쁘지 않은 사례로 제시된다는 사실이다. 그 옆에서 상담을 여러 번 지켜본 나에게 더 이상 백인의 얼굴은 미인의 기준으로 작용하지 않는다. 지난 세기 서구 학계에서 통용된 인종주의 이데올로기로는 21세기 한국 여성이 한국 여자 배우를 닮고 싶어 하는 욕망을 설명할 수 없다.

K-성형 과학이
아직 말하지 않는 것

수치화된 '매력적인 여성의 얼굴'은 '아름다움'에 관해 무엇을 알려 줄까? 인종 간 위계가 사라진 세계화된 미인의 얼굴은 어떤 얼굴이 아름다운지를 말할 뿐 그 얼굴이 왜 아름다운지는 말하지 않는다. '째진 눈이나 뭉

　　　　　임소연

툭한 코, 앞으로 튀어나온 턱'은 왜 미인이 아닌가? 디지털 인체계측학을 활용한 과학 지식은 설명하지 않는다. 그렇다고 해서 그것이 가짜 과학은 아니다. 오히려 그런 설명을 해 주지 않기 때문에 과학이다. 이처럼 '왜'를 말하지 않는 과학의 속성은 "모든 근거 있는 믿음의 밑바탕에는 근거 없는 믿음이 놓여 있다."라는 비트겐슈타인의 말[9]로 표현된다.

우리는 이 새로운 미인 과학의 등장을 지나치게 우려할 필요는 없다. 인체계측학과 디지털 모델링으로 미인을 만든다는 K-성형 과학의 힘은 2차원 디지털 평면에서만 강력하다. 성형외과에서 상담을 받고, 의사와 협상을 거쳐 어떤 수술을 어떻게 받을지 선택해 돈을 지불하고, 수술을 받아 달라진 모습으로 수술실을 나서는 사람들은 디지털 공간 바깥에 있다. 살아 있는 신체이자 아직까지 어떤 과학이나 기술로도 완벽하게 통제하지 못한 개개인의 몸에 개입하는 이상 성형수술은 완벽한 미인을 생산해 낼 수 없다. 따라서 현실 속 K-성형미인의 데이터가 수집되고 축적되어야 한다.

[9]   Ludwig Wittgenstein, *Über Gewißheit*(Oxford: Blackwell, 1969).

이상적인 미인을 대변하는 2차원 이미지가 아닌 성형 수술로 바뀐 실제 얼굴을 3차원적으로 판단하는 데이터 말이다. 다른 데이터가 있다면 다른 성형 과학도 가능할 것이다.

임소연

왜 TV에는
백인만 나올까?

안진

안진　　　TV 교양프로그램 프로듀서이자 문화연구자. 한국외국어대 말레이·인도네시아어과를 졸업하고 신문방송학과에서 공영방송 교양 프로그램의 진화 과정을 생산 주체의 영역에서 사회문화사적으로 분석한 논문으로 박사학위를 받았다.「강연100℃」를 기획했고,「책 읽는 밤」,「생로병사의 비밀」,「아침마당」등 프로그램을 제작하며 시청자들과 소통해 왔다. 다문화사회에서 미디어의 역할에 대한 관심과 고민이 많다.

[주요어] #TV프로그램 #인종주의 #미디어재현
[분류] 신문방송학 > 문화연구

"제작자의 의도와 연출에 따라
재현 양상이 결정된다는
한계에도 불구하고
미디어는 낯선 대상에 대한
호감이라는 정서적 반응을 통해
고정관념과 편견을
일거에 무너뜨린다."

드라마 「우리들의 블루스」[1]에서 배우 한지민의 언니로 출연해 많은 이들의 관심을 받았던 다운증후군 배우 정은혜. 오래전 나는 그녀의 어머니 장차현실 작가[2]를 「휴먼다큐」 주인공으로 섭외하러 찾아간 적이 있다. 다운증후군 딸을 키우는 싱글맘 작가의 고단하지만 당당한 일상을 보여 주어 발달장애인과 싱글맘을 향한 세상의 편견을 깨 보겠다는 기획이었다. 사전 취재를 마치고 돌아오는데 전화가 울렸다. 아무리 생각해도

[1]   노희경 극본, 김규태 연출의 2022년 4월~6월 초 방영된 20부작 tvN 드라마.

[2]   당시 장차현실 작가는 11살 다운증후군 딸과 싱글맘의 일상을 사실적이고 과감하게 그린 『엄마, 외로운 거 그만하고 밥 먹자』(2000)라는 책으로 여러 매체의 주목을 받고 있었다.

TV 출연은 안 되겠다는 고사였다. 그 후 22년 만에 나는 드라마에서 정은혜 배우를 보았다.

"예전에 우리 애를 보면 사람들이 불편해하고 싫어하고 그랬죠. 근데 「우리들의 블루스」가 방송되고 나서 사람들이 우리 애 보고 귀엽대요. 은혜는 달라진 게 하나도 없는데…… 늘 같은 모습이었는데, 갑자기 사람들이 은혜를 보는 눈이 달라졌어요. 요즘 우리는 참 이상하고 놀라운 경험을 하고 있어요."[3]

「우리들의 블루스」가 만든 마법일까. 다운증후군 배우 정은혜 씨의 어머니는 드라마 출연 전이나 후나 딸의 모습은 그대로인데 그를 대하는 세상 사람들의 감정이 달라졌다고 했다. 은혜 씨는 너무나 사실적으로 다운증후군 언니 '영희'를 연기하는데, 묘하게도 그의 장애보다 밝고 순수한 마음이 먼저 보인다. 극 속 영희는 불행하지만 불쌍하지 않았고, 자신의 모습 그대로 당당하고 아름다웠다. 「우리들의 블루스」는 그간 미

[3]　드라마 「우리들의 블루스」 종영 후 KBS 교양 토크 프로그램 제작 팀에서 정은혜 배우와 그 부모님의 사전 취재 당시 진행된 인터뷰.

디어에서 재현되어 온 다운증후군 장애인에 대한 스테레오타입 이미지를 산뜻하게 전복했다.[4]

편견에서 호감으로

교양 프로그램 피디로서 나는 언제나 있는 그대로를 카메라에 담으려 하지만, 미디어를 통해 재현된 대상은 원형과 사뭇 다르다. 메시지를 전달하기 위해 이미지를 배치하고 재구성하여 이야기를 입히면, 제작자가 실제라고 믿는 이미지가 구축된다. 이런 의도하지 않은 왜곡은 때때로 대상을 정형화하는 오류를 낳기도 한다.[5]

일단 호감이 생기면, 우리는 그 대상에 대해 좋은 이미지를 갖게 되고 긍정적인 태도로 대하게 된다.[6]

---

[4] 발달장애인에 대한 영화 「말아톤」, 「맨발의 기봉이」의 주인공들도 순수한 매력으로 감동을 주었지만, 장애로 인한 고난과 갈등을 묘사하는 과정에서 장애인의 정형성은 더 강화된다.

[5] 예컨대, 공무원이 된 절단 장애인의 극복담을 다룬 휴먼다큐에서 피디는 출근 전 수영을 즐기는 주인공의 모습을 통해 비장애인과 다를 바 없는 그의 일상과 평범한 일상을 이루기 위해 노력한 그의 의지를 보여 주고자 했지만, 시청자들은 수영하는 그의 신체에 주목했다.

[6] 박성호, 『호감』(커뮤니케이션북스, 2016), 3쪽.

누군가에게 느끼는 호감은 부지불식간에 벌어지는 일이라 이식할 수 있는 감정이 아니다. 호감은 기획하여 만들어 낼 수 없고, 그렇기에 미디어 생산자의 영역 밖에 있다. 사람들이 호감을 느끼는 그 대상이 실제로 호감의 요소를 가지고 있느냐와 상관없이 수용자가 그렇게 지각하느냐가 중요하다.[7] 그래서 호감은 철저히 수용자의 것이다. 호감은 나와 대상 사이의 경계를 자연스럽게 허물고, 대상에 대한 편견을 부순다.

실제로 편견은 고정관념과 같은 인지적 요소보다 호감과 같은 감정적 요인에 더 큰 영향을 받는다.[8] 주목할 점은 편견을 강화하는 감정적 요인이 강한 적대감 같은 부정적 감정이 아니라 대상에 대한 무지와 정보 부족, 낮은 접근성으로 생기는 불안과 불편함이라는 점이다. 다시 말해 우리는 잘 모르고 많이 접하지 않은 낯선 대상에 대해 편견을 강화한다.[9] 「우리들의 블루스」는 그 편견을 호감이라는 정서로 전환시켰다.

[7] 윤태일, 『사랑과 소통』(커뮤니케이션북스, 2015), 2~3쪽.
[8] 전영자·전예화, 「여성결혼이민자에 대한 고정관념과 감정이 사회적 거리감에 미치는 영향」, 《한국생활과학회지》 제19호(한국생활과학회, 2010).
[9] 앞의 글.

제작자들은 왜
백인 출연자를 선호했나

미디어 재현 논의의 대상을 장애인에서 외국인으로 바꾸면 어떨까? 앞서 언급한 '장애'라는 단어를 '인종'이나 '외모'로 바꾸고 요즘 공중파 방송에 등장하는 외국인들을 보자. 그들 각자의 개성이 피부색이나 출신 국가보다 먼저 보이는가? 우리는 마음속 정형을 배제한 채 그들을 인격적으로 마주하는가?

한국의 TV 방송 프로그램에서 외국인들은 인종과 출신 배경, 사회적 지위 등에 따라 스테레오타입으로 묘사되어 왔다. 이주노동자는 사고, 죽음, 불법의 표상으로, 결혼이주여성은 한국의 가족주의를 존속시키는 희생적 여성상으로 그려졌다.[10] 반면, 백인은 지적이고 문화 수준이 높은 동경의 대상으로 재현된다. 선행 연구들은 미디어가 인종을 서열화하고, 이중적 인종주의를 강화하는 경향이 있다고 지적한다. 스테레오

---

[10] 대가족 제도가 거의 사라진 한국 사회에서 '시부모를 봉양하고 남편을 섬기는 착한' 동남아 출신 결혼 이주 여성들은 「러브 인 아시아」, 「다문화 고부열전」 등 프로그램의 주요 출연자들이었다.

타입이란 용어를 개념화한 미국의 정치사상가 월터 리프만은 『여론』에서 사람들은 자신만의 "머릿속의 그림"[11]을 통해서 세상을 바라본다고 주장한다. 중요한 점은 그 그림이 직접적인 체험이 아니라 미디어에 의해 형성된다는 것이다.

그렇다면 제작자는 어떤 이유로 외국인에 대한 특정 스테레오타입을 재생산하는가? 나는 이 질문에 대한 답을 찾고자 2014년 미디어 생산자 연구를 진행했다.[12] 이 연구에 따르면 백인에 대한 제작자의 긍정적 경험이나 상상적 정형, 제작자의 성장 과정에서 미디어를 수용하며 구축된 백인에 대한 인종적 호감이 제작 과정에도 발현되었다. 이에 더하여 가장 결정적 영향 요소는 시청률이었다. 한국과 한국의 문화를 사랑하는, '한국인보다 더 한국적인' 백인 출연자가 등장할

[11]   Lippmann, W., *Public Opinion*(New York: Harcourt Brace, 1922), pp. 15~16.
[12]   미디어 생산 국면에서 벌어지는 백인 및 비백인 출연자에 대한 제작자의 선택 경향과 그것에 영향을 주는 요인을 탐색한 연구. 특히 제작자의 생애에 걸쳐 체득되고 내재화된 인종적 상상력 혹은 특정 인종에 대한 시각이 외국인 출연자를 선정하는 과정에 결정적이다. 안진, 「나는 왜 백인 출연자를 선택하는가?」, 《미디어, 젠더&문화》 제30권(한국여성커뮤니케이션학회, 2015), 83~121쪽.

때 시청률이 상승한다는 경험적 지식이 제작자들 사이에 공식처럼 작용했다. 시청률에 대한 강박은 백인을 매력적으로 비추는 프로그램을 만들게 하고, 시청자들은 인종 스테레오타입을 강화하여 백인 위주의 프로그램을 더 선호하게 된다. 이렇게 TV에서 백인이 아닌 출연자들은 보기 더 어려워지며, 등장한다고 해도 부정적 스테레오타입을 재생산한다. 그들은 점차 낯설고 불편한 타자로 대상화된다.

백인 출연자는 여전히 성공을 보증한다

앞의 연구로부터 7년이 지난 지금 제작자들은 악순환의 고리에서 벗어났을까? 부끄럽지만 나는 여전히 시청률을 좇고 있고, 외국인 출연자 선택에서도 백인을 선호한다. 시니어 토크 프로그램을 제작 중인 나는 연초에 고부 갈등을 주제로 출연자 구성을 고민했던 적이 있다. 토크 프로그램의 성격상 대중에게 알려진 출연자 개개인의 캐릭터와 인생사는 프로그램의 전체 내용을 구성하는 주요 요소다. 고부 갈등을 논하기 위해

서는 시어머니와 며느리가 출연해야 한다. 구체적으로
타문화에 대한 가치관이 보수적인 시어머니와 진보적
인 시어머니, 가부장제에 순응적인 며느리와 저항적인
며느리 캐릭터가 모두 필요하다. 다양한 가치관과 세
대로 구성된 출연자들을 통해 의견의 대립과 논쟁, 승
복과 합의 등 토크의 묘미를 추출하는 것이 제작자의
역할이다. 나와 작가 팀은 좀 더 입체적인 토크를 위해
깍두기 역할을 할 출연자를 한 사람 더 배치하기로 했
다. 한국적 고부 관계에서 갈등을 겪은 경험이 있으면
서도 객관적 시선으로 양측을 비판하고 두둔할 수 있
는 후보군을 정리하기 시작했다.

　　프로그램 제작의 궁극적 목표는 시청자의 관심과
시청률이며, 외국인 출연자 선정도 그 목표 아래 이루
어졌다. 우리가 정한 외국인 며느리 출연자의 선택 기
준은 (1) 타 방송에서 시청률이 검증되었고 (2) 한국적
가족 문화를 사랑하며 (3) 한국어가 유창하고 외모가
매력적이면서 (4) 한국 문화를 비판할 수 있는 '권위 있
는' 나라 출신일 것. 선입견에 입각한 편향된 기준으로
보이지만, 여기에는 제작자의 경험적 지식에 근거한
이유가 있었다. (1) 타 방송에서 시청자 반응이 좋았던

출연자는 우리 프로그램의 시청률도 높일 가능성이 있다. (2) 한국 문화에 배타적이면 고부 갈등의 논점을 벗어나 한국 문화에 대한 비판으로 이어질 수 있어 부적절하고, 한국적 가족 제도에 순응하는 외국인 며느리는 시니어 시청자들에게 과거 대가족 제도에 대한 향수를 불러일으켜 시청률 견인 요인이 된다. (3) 한국어를 능숙하게 구사하는 매력적인 백인 며느리는 흥행의 보증 수표다.[13] (4) 서양 문화가 한국 문화보다 우위에 있다고 믿기에 시청자들은 서양 출신 며느리의 비판에 조금 더 수용적이다.

과거의 성공 공식에 얽매여 나만 여전히 백인 출연자를 선호하는 것은 아닐까? 후배 제작자들의 생각이 궁금했다. 30대 중반의 제작자 A는 외국인 출연자들이 모국의 음식 문화와 한식을 비교 체험하는 프로그램을 제작해 왔다. 해당 프로그램에는 외국인 출연자 대여섯 명이 고정 출연하는데, 제작자에게 그들을

[13] 제작자들 사이에는 "모 프로그램에서 예쁜 백인 며느리가 한국 시어머니에게 혼나는 장면이 나왔는데 그 시간대 분당 시청률이 올라갔다."라는 이야기가 떠돈다. 검증된 이야기인지 알 수 없으며, 과장도 적잖이 섞여 있을 것이다. 다만, 이런 속설에도 민감한 제작자의 태도는 시청률에 대한 갈급을 반영한다.

선택한 기준을 물었다.

"눈에 보이는 확연함이 있었으면 좋겠다고 생각해서 그 르완다 친구 M을 선택했어요. M과 남아프리카 공화국 친구가 아프리카 출연자 최종 후보에 올랐었는데, 남아프리카 친구는 백인이었어요. M은 아프리칸이었고. 그러면 M이 낫겠다. 시청자들이 보기에도 더 다양성 있어 보이고."

A의 첫 기준은 다양성이었다. 세계의 음식 문화를 비교 평가하는 토크가 핵심이라 각 대륙을 대표하는 출연진 구성이 필요했다. 유럽 사람들만 나오면 한정된 경험으로 인해 풍성한 이야기가 나오기 어렵다는 이유였다. 백인 출연자들 사이 유일한 비백인으로서 M은 아프리카 대륙의 음식 문화를 잘 알려 주었고, 사람들은 그의 이야기에 귀 기울였다. 백인 위주의 출연자 구성에서 크게 벗어나지는 않았지만, 인종이나 피부색과 상관없이 개인에 몰입하고 호감을 표현하는 시청자의 반응이 미디어 생산 현장에도 조금씩 변화를 가져온 듯했다.

그런데 인종적 다양성을 보장한 듯한 패널 구성에는 이면이 있었다. M은 르완다 출신이지만 미국에서 교육받았고 한국어를 포함 4개 국어를 능숙하게 구사하며 한국 문화에 완벽히 적응한 사람이다. 그는 이미 다른 방송에서 순수하고 밝은 캐릭터로 시청자의 호감을 얻은 바 있는 '시청률이 검증된 방송인'이었다. 그의 외모는 프로그램의 다양성을 시각화할 수 있는 '눈에 보이는 확연함'의 장치였다. 다양성은 좀 더 정교해진 시청률 공식이었다.

한국인보다 한국을 더 사랑하는 백인들

하루가 다르게 생겨나는 플랫폼과 채널의 범람은 미디어 콘텐츠의 양적 팽창을 가져왔다. 외국인 출연 프로그램의 수적 증가도 이와 무관하지 않아 보인다. 장르나 포맷에 있어서 다양한 시도가 이루어진 만큼 예능 장르에서 외국인의 출연 빈도는 눈에 띄게 증가했다. 그런데 그 많은 프로그램을 관통하는 공통점이 있다. 바로 한국 문화에 대한 외국인 출연자들의 과도한 예

찬이다. 그들은 한국인보다 더 한국적인 모습으로 '한국 사랑'을 뽐낸다.[14]

한국 문화 체험이라는 익숙한 소재를 외국인이라는 장치를 통해 재발견한다는 기획 의도는 소위 '국뽕' 현상[15]과 떼어 놓고 보기 어렵다. 예능 프로그램에서 외국인, 특히 백인은 천편일률적으로 한국 문화에 감탄하고 추켜세우며 한국 시청자들의 국뽕 심리를 만족시킨다. 이는 자연스럽게 높은 시청률로 이어지고, 시청률로 먹고사는 TV 방송 세계에서 제작자들은 국뽕을 또 하나의 성공 공식으로 삼게 되었다.

2021년까지 5년간 외국인 여행 예능 프로그램을 제작한 K는 "백인 출연자가 한국 문화에 적극적으로 공감하고 한국 역사에 관심을 보인 방송은 시청률이 높았다."라고 말했다. 그래서 "한국을 방문한 경험이

[14]   이런 출연은 대부분 여행, 문화, 요리 등 기존의 방송 소재에 외국인의 시선을 색다른 장치로 이식하는 형태로 "한국 문화의 우수성만을 강조"해 식상하다. 「"어서와, 이런 한국예능 처음이지?" 외국인 프로의 현주소」, 《서울경제》, 2020년 3월 11일 자.
[15]   국가의 '국(國)'과 히로뽕의 '뽕'을 합성한 말로 국수주의, 민족주의에 젖어 타민족에 배타적인 행위를 비하하는 인터넷 용어. 최근 몇 년 사이 외국인이 출연하는 예능 프로그램들이 과도한 국뽕 트렌드에 편승한 콘텐츠에 치우쳤다는 비판이 있었다.

전혀 없고, 한국이나 한국 문화에 평소 관심이 많았던 백인"을 출연자로 선정함으로써 출연자의 한국 체험에 대한 긍정적 반응을 극대화했다고 일러 주었다.

한국을 사랑하는 백인에 대한 한국 시청자의 호감은 새롭지 않다. 그런데 들여다보면 국뽕 콘텐츠에서 재현되는 외국인의 모습은 7년 전 연구에서 도출한 백인의 정형화된 이미지[16]와는 미묘하게 다르다. 한국 문화에 격렬하게 공감하는 외국인들의 모습은 순진해 보이기도 하고, 지나치게 과장되어 우스꽝스러워 보일 때도 있다. 이것이 백인이 텔레비전에서 타자화되는 방식이다. 인종적 서열화로 백인과 비백인의 위계가 설정되어 비백인이 열등하게 타자화된다면, 국뽕을 채우려 백인을 동원하는 과정에서 백인 또한 타자화된다. 궁극적으로 "우리를 더 멋지게 내보이기 위해 타자를 희생시키는" 것이다.[17]

문제는 이 국뽕을 통해 시청자가 느끼는 '한국인

[16] 2015년의 연구에서 백인이 지적이고 아름다운, 나보다 우월한 대상의 이미지로 정형화되어 시청자는 백인 출연자를 통해 우월한 백인과의 동류의식을 열망한다고 보았다. 안진, 앞의 글.
[17] 파울 페르하에허, 장혜경 옮김, 『우리는 어떻게 괴물이 되어가는가』(반비, 2015), 16쪽.

이라는 자부심'의 허구성이다. 국뽕 콘텐츠의 인기는 민족주의의 발현 혹은 민족과 자신을 동일시하여 생기는 대리만족으로 볼 수도 있다.[18] 백인 출연자의 한국 예찬을 곧 나를 향한 예찬으로 받아들이는 것은 판타지에 불과하다.

화면 뒤에
숨겨진 사람들

백인과 비백인의 위계질서, 시청률에 따라 출연자가 선정되는 환경은 여전하다. 그럼에도 나는 7년 사이 TV 방송 제작자들에게 의미 있는 변화가 일어났다고 본다. 무엇보다 수용자인 시청자들이 외국인 출연자의 피부색 같은 외형적 요소보다 그 사람의 개성을 보고 싶어 하기 때문이다.

사람들은 「우리들의 블루스」를 통해 장애인의 인간적 매력에 집중하게 되었고, 「이상한 변호사 우영우」를 보며 자폐 스펙트럼 장애인의 능력과 한계에 대

[18] 「해외가 '깜짝' 놀랐다고? 지나친 유튜브 '국뽕' 콘텐트, 근원은」, 《중앙일보》, 2020년 9월 4일 자.

해 관심을 갖게 되었다. 미디어는 제작자의 의도와 연출에 따라 재현 양상이 결정된다는 한계에도 불구하고 낯선 대상에 대한 호감이라는 정서적 반응을 통해 고정관념과 편견을 일거에 무너뜨린다. 미디어는 이렇게 친숙하지 않은 대상에 느끼는 불안감과 편견을 바꿀 수 있다. 미디어를 통해 화면 뒤에 숨겨졌던 타자들이 더 많이 발견되기를, 그리하여 우리가 멀리했던 대상들을 더 이해할 수 있기를 바란다.

전시되지 않는
몸들의 삶

이민

이민　　의료인류학 연구자. 서울대에서 인류학 석사학위를 받고, 미국 캘리포니아 대학교 버클리(UC Berkeley)에서 의료인류학 박사과정을 수료했다. 한국 성인 여성들의 비만 경험에 관한 현장 연구를 바탕으로 논문 「내밀한 표준화: 한국 성인 여성들의 비만 경험을 통해 본 몸과 섹슈얼리티」(2016)를 썼으며, 중국 윈난성 쿤밍에서 중국 반향(返鄕) 청년들의 대안적 돌봄 공동체에 관한 현장 연구를 하고 있다. 몸의 인류학, 음식인류학, 생태인류학적 관점에서 보는 젠더, 환경, 식품 산업, 청년, 공동체, 관계성의 문제를 폭넓게 연구하고 있다.

[주요어] #비만클리닉 #표준화 #쾌락과윤리
[분류] 인류학 > 의료인류학

"건강한 음식이 맛있다고 느끼는 취향은
오랜 시간의 사회적 교육과 훈련을 거쳐
만들어졌다는 점에서 고상하다.
탄탄한 몸을 만들기 위한 나의 노력은
쾌락을 억누르는 고통스러운 것이 아니라
건강이라는 선한 가치를 향한
즐거운 일상과 차별화된 취향의
실천으로 재탄생하며,
전시해 마땅한 것이 된다."

"비만이 뭐라고 생각하세요?"

"의학적 기준에 의해서 내려진 병명이라고 생각해요. 그런데 이런 의구심은 들어요. 몸이 불편한 게 없는 질병이면 그게 질병인가? 왜 그게 병일까?"

서울의 한 대학병원 비만클리닉에 다니는 대학생 나래 씨에게 비만의 질병 지위는 모순적이었다.[1] 나래 씨는 비만클리닉을 처음 찾았을 때 받은 신체검사에서 혈압, 혈당 등 '비만 합병증'과 연관된다는 항목에

---

[1] 질병 지위란 특정 상태가 의학적인 치료가 필요한 병이라고 판단하는 사회적 담론을 말한다. 이 글은 나의 석사학위 논문 「내밀한 표준화: 한국 성인 여성들의 비만 경험을 통해 본 몸과 섹슈얼리티」(서울대학교 대학원, 2016)를 발전시킨 것으로, 글에 등장하는 인터뷰이의 이름은 모두 가명이다.

서 모두 정상이었다. 어렸을 때부터 줄곧 '뚱뚱하다'는 말을 들었어도 일상생활에서 체형 때문에 크게 불편함을 느껴 본 적이 없다. 오히려 나래 씨는 스스로 건강하다고 생각했다. 그는 일본어 전공을 살려 통번역 아르바이트를 하고 방학 중 고등학생 캠프 인솔교사로 일하면서 뮤지컬 단원과 플러스사이즈 모델로도 활동하고 있었다. 돋보이는 스타일링 센스를 갖춘 나래 씨는 자신의 명랑한 이미지와 잘 어울리는 파스텔톤 원피스를 즐겨 입었다.

이렇게 줄곧 자신의 몸을 긍정하며 살아온 나래 씨가 비만클리닉을 찾게 된 것은 몸무게가 80킬로그램을 넘어가기 시작하면서 금방 "100킬로그램을 넘어가는 것은 일도 아닐 것 같은" 두려움이 생겼기 때문이다. 나래 씨에게 '세 자리 수 몸무게'란 '사회적 한계선'을 뜻했다. 해외 직구로도 어울리는 옷을 구하기 힘들고 밝은 성격과 패션 센스로도 사회의 부정적 시선을 극복하기 힘든 마지노선이 바로 세 자리 수 몸무게였던 것이다.

이처럼 개별적인 몸의 감각과 때때로 유리된 듯한 비만의 범주와 질병 지위는 어떻게 만들어졌을까? 나

이민

래 씨는 어떤 일상적 상호작용 속에서 뚱뚱한 몸의 사회적 한계선을 느끼게 되었을까?

내 몸을 분석하는 기계 소리

비만의 의학적 범주와 진단 방식은 변화를 거듭해 왔다. 비만에 대한 표준화된 진단 기준이 성립되기 전 보건의료 공간[2]에서는 키에 따른 평균 체중의 단순 산출 결과를 병적 체형의 기준으로 삼았다. 그러다가 1985년부터 미국 국립 보건원이 비만 진단 지표로 체질량지수(BMI)[3]를 사용하기 시작했고[4] 2000년대 중반부터는 실질적 기준이 BMI에서 체성분 분석 중심으로 바뀌었다.[5] 이는 곧 '뚱뚱함'이라는 신체적 특성

[2]　이 글에서 보건의료 공간은 특정 인구집단의 건강 증진 및 유지를 목표로 하는 보건 공간과 질병 진단 및 치료를 중점으로 하는 의학적 공간을 함께 지칭한다.

[3]　체질량지수(BMI, Body Mass Index)란 "몸무게(kg)를 키의 제곱(m²)으로 나눈 값"으로, 세계보건기구가 정한 공식적인 비만 진단 기준이다. 대한비만학회, 「비만의 진단과 평가」, http://general.kosso.or.kr/html/?pmode=obesityDiagnosis

[4]　박혜경, 「비만의 질병 지위 획득 메커니즘」,《과학기술학연구》 14(2)(2014), 178쪽.

[5]　비만의 질병 지위 획득과 진단 기준의 역사적 변천 과정에 관해서

의 '가시성'이 재구성되는 과정이었다. 미셸 푸코는『임상의학의 탄생』에서 '보임'과 '보이지 않음'의 이분법적 구분에 바탕을 둔 의학적 지식이 '말해지는 것'과 '말해지지 않는 것'의 구분으로 이행하는 과정을 분석했다.[6] 인간의 주관적 감각에 더 이상 의존하지 않고 보이지 않는 신체적 특성까지 과학기술을 통해 투명하게 '언어화'함으로써, 현대 생의학은 질병을 보다 실증적으로 인식할 수 있다고 믿게 되었다. 보건의료 공간에서 실질적으로 통용되는 비만 진단의 기준이 키와 몸무게의 비율로 산출하는 BMI에서 생체전기저항분석을 통한 체성분 분석으로 변화한 이유도 눈으로는 확인할 수 없는 체지방률 측정이 보다 '과학적'이라는 전문가 집단의 인식 때문이었다.[7]

는「내밀한 표준화: 한국 성인 여성들의 비만 경험을 통해 본 몸과 섹슈얼리티」(서울대학교 대학원, 2016) 2장을 참고.

[6]   미셸 푸코, 홍성민 옮김,『임상의학의 탄생: 의학적 시선의 고고학』(이매진, 2006), 18~20쪽.

[7]   2004년에 저명한 의학 학술지《란셋(The Lancet)》에 BMI는 같지만 체지방률은 달랐던 두 연구자의 사례(C. S. Yajnik & J. S. Yudkin, "The YY Paradox," The Lancet 363(9403), 2004, p. 163.)가 발표된 후로 보건의료 전문가 집단 사이에서 체성분의 개념이 통용되기 시작했다.

이제는 주요 대학병원의 비만클리닉, 내과와 한의원, 지역 보건소, 미용 시술 목적의 피부과와 성형외과, 헬스장에 심지어 건강 보조 식품 판매처에서도 쉽게 접할 수 있을 만큼 체성분 검사는 우리의 일상 속으로 깊숙이 들어왔다. 체성분 검사 결과지상의 일명 골격근-지방 그래프는 스펙터클하다. 나래 씨는 클리닉에서 처음 체성분 검사를 받았던 순간을 이렇게 묘사한다.

> "그래프가 특히 기억에 남아요. 측정하고 있으면 앞의 계기판에 뚜뚜뚜 소리가 나면서 계속 올라가잖아요. 근데 얘가 안 멈추는 거예요. (허탈한 표정으로 웃으며) 다른 거는 다 멈췄는데 체지방만 계속 올라가……. 너무 충격적이었어요!"

체성분 검사에서 권장되는 '건강한 몸'이란 단순히 마른 몸이 아니라, 골격근-지방 그래프가 '모범적 D자형'인 몸, 즉 체지방은 적고 근육은 도드라지는 '탄탄한 몸'이다. 건강한 몸과 그렇지 못한 몸, 표준범위 안과 밖의 몸은 골격근-지방 그래프의 유형을 통해 직관적으로 식별된다.

그런데 BMI와 체성분 분석은 모두 특정 인구 집단의 신체 측량 데이터베이스를 기반으로 종 모양의 정상 분포 곡선을 산출해서 그 '평균값'을 기준으로 '정상 범위'를 정한다는 점에서 본질적으로 다르지 않다. 정상과 평균을 동일시하는 의학적 관행 속에서 '평균의 몸'에서 벗어나는 고유하고 개별적인 몸들은 역사와 특수성이 고려되지 않고 비정상적인 것으로 취급된다.[8]

체성분 검사가 보편화되면서 비만은 겉모습만이 아니라 기술적 수단을 통해 신체 내부까지 투명하게 들여다봐야만 판단할 수 있는 의학적 범주로 다시 태어났다. 인구통계학적 평균을 기준으로 한 정상 범위와 정상 범위 밖의 이분법은 그래프를 통해 선명하게 가시화된다. 이제 사람들은 주기적으로 신체 내부를 측량하고 계획적인 식단 관리와 운동을 실천하면서 보다 정밀하게 '탄탄한 몸'을 향해 간다. 탄탄한 몸은 단

[8]   체구성의 문제에서 체지방률의 정상값과 평균값을 동일시하는 것이 과학적으로 타당한지는 여전히 논쟁적이다. 관련 논의는 이대택, 『비만 히스테릭』(지성사, 2010), 127~129쪽 참고.

순히 생물학적으로 건강한 몸의 지표를 넘어 몸 자본을 책임감 있게 관리하는 합리적 주체를 상징하게 되었다.

결혼식장에 입고 갈 옷이 없다

"우리가 보통 통과 의례라고 부르는 관례에 입을 수 있는 옷이 없다는 것, 선택권을 떠나서 존재하지 않는다는 것 자체는 문제가 있다고 생각해요. 사회에 나가 보니 정장 치마 한 벌, 바지 한 벌이 너무 절실한데 없더라고요."

한국의 대표적인 플러스사이즈 모델 보라 씨가 플러스사이즈 의류 브랜드를 론칭하면서 했던 말이다. 내가 만났던 연구 참여자들은 하나같이 '옷이 없는 순간'에 자신의 뚱뚱함을 인식하게 되었다고 말했다. 학창 시절 맞는 교복이 없어서 따로 맞춤 제작을 해야 했던 경우, 취업 면접을 앞두고 깔끔한 블라우스 한 장이 없었던 경우, 헬스장에서 대여해 주는 운동복 중에 자신의 사이즈가 없었던 경우, 유니폼이 맞지 않아 아르바이트를 할 수 없었던 경우, 결혼식이나 상갓집에 갈

때 요구되는 정장을 구할 수 없던 경우 등이다. 삶의 일상적 의례를 수행하는 데 필수적인 옷을 구할 수 없을 때 뚱뚱한 사람들은 사회적 장에서 조용히 배제되고 설 자리를 잃는다. 나래 씨가 두려워했던 사회적 한계선의 실체는 일상적 의례에 참여 가능한 몸의 한계선, 즉 기성복 표준 사이즈의 한계선이다.

비만 자조 모임 참여자인 솔비 씨 인터뷰에 따르면, 한국 사회에서 "옷은 곧 자유"다. 내가 만났던 여성들이 식욕억제제나 극단적 단식 등을 통해 단기간에 무리하게 살을 빼려고 시도했던 이유도 일상생활에서 "당장 선택할 수 있는 것"이 없기 때문이었다. 다양한 기성복이 대량 생산되는 현대사회에서 옷은 개인이 자유롭게 선택하고 소비하며 자신을 표현하는 수단으로 여겨진다. 하지만 젠더, 연령, 사회적 역할 등에 따른 복장의 암묵적 코드는 분명히 있다. 자신의 몸이 기성복의 표준 사이즈 밖에 존재한다는 것은 졸업, 면접, 결혼 등 통과 의례라고 불리는 순간에 사회적 장으로 나갈 자유를 박탈당하는 것과 마찬가지다. 옷을 "사회적 피부"라고 정의한 인류학자 테런스 터너는 인간이 삶의 단계와 사회적 역할에 따라 사회적 주체로서의 자신을 연행(perform)하는 데 규범과 코드에 맞는 옷이 필수적이라고 말했다.[9] 많은 여성들이 기성복 표준 사이즈 체계가 편협하고 차별적이라는 점을 경험으로 인식하면서도 여전히 표준 사이즈에 자신의 몸을 어떻게든 끼워 맞추려고 애쓴다.

현대 한국 사회에서 비만의 의학적 범주와 뚱뚱하다는 사회적 평가는 두 개의 정상 분포 곡선이 그려 내는 평균적 몸의 관념에 기반한다. 한편으로는 보건의료 산업에서 인구통계학적으로 산출한 평균 체지방률이 정상과 비정상의 범위를 가름하는 기준이 되고, 다른 한편으로는 44·55·66이라는 구시대적 표준에서 벗어나지 못한 기성복의 사이즈 체계가 여성들의 몸을 마치 코르셋처럼 옭아맨다.[10] 동시적으로 작동하는

[9] Terence S. Turner, "The Social Skin," Margaret Lock & Judith Farquhar (eds.), *Beyond the Body Proper: Reading the Anthropology of Material Life*(Durham and London: Duke University Press, 1993), pp. 83~103.

[10] 한국 여성 기성복의 사이즈는 가슴둘레, 허리둘레, 키 등 구체적인 신체 치수 정보를 제공하지 않은 채 여전히 44·55·66 혹은 그에 상응하는 S(Small)·M(Medium)·L(Large)로 제한된다.(「여성 의류 사이즈 표시 제각각…… 온라인 구매 시 낭패: 호칭 표시, 실제 사이즈 업체마다 브랜드별로 멋대로…… 남성복은 양호」, 《컨슈머리서치》, 2015년 7월 20일 자.) 사이즈 55란 키가 155센티미터에 가슴둘레가 85센티미

측량의 힘과 표준화된 몸의 규범 속에서 겉보기에 마른 사람이든 뚱뚱한 사람이든 탄탄한 몸 혹은 기성복에 잘 들어맞는 몸을 만들기 위해 은밀하고 사적인 자기 감시를 멈추지 않는다. 현실의 다양하고 특수한 몸들은 내밀하게 표준화된다.

건강한 음식을 즐기며
소비를 전시하는 사람들

지금은 자기 몸에 대한 내밀했던 감시마저 공개적으로 전시하는 시대다. 소셜미디어에서 유행하는 다이어트 프레임인 '눈바디'는 "'눈(眼)'과 체성분 분석기 브랜드 '인바디'의 합성어로, 체중계상의 몸무게에 연연

터인 여성의 상의 사이즈를 뜻하는데, 1981년에 55가 한국 성인 여성의 평균 사이즈로 정해지면서 직선비례법에 따라 키 5센티미터 간격, 가슴둘레 3센티미터 간격으로 44와 66 사이즈도 정해졌다.(이영숙,『(남성복과 여성복 마케팅을 위한) 체형별 의류 사이즈 규격의 국가 간 비교』(신선사, 1999), 32~36쪽.) 지난 40년 동안 한국 성인 여성들의 평균 키와 체격은 커졌지만 한국 여성 기성복 시장은 실체 없는 44·55·66의 사이즈 표기를 유지한 채 실제 치수에서는 브랜드마다 큰 편차를 보이고 있다. 이는 남성복에서 가슴둘레와 허리둘레를 그대로 사이즈 호칭으로 사용하며 주요 브랜드 간에 비교적 통일된 사이즈 규격을 유지하고 있는 것과 상반된다. 컨슈머리서치, 앞의 글.

하기보다는 거울에 비친 자신의 몸매 변화를 관찰하는 것"[11]을 뜻한다. 매일같이 복근을 소셜미디어에 '인증'하는 눈바디와 마르고 탄탄한 몸을 강조하는 바디 프로필, 매일의 식단을 기록하는 다이어트 브이로그 등을 통해 체성분 분석이 보여 주었던 몸 안은 사진과 영상으로 새롭게 가시화된다. 이는 체성분 분석기에 의존하지 않고 몸 내부의 변화를 스스로 감각하고 인식한다는 점에서 언뜻 다른 실천인 듯 보이지만, 탄탄한 몸의 측량과 가시화에 집착한다는 점에서 크게 다르지 않다. 체성분 분석 결과지상 수치와 그래프 변화에 집착하며 일주일에 두세 번씩 검사를 수행하던 사람들은 이제 매일같이 자신의 몸의 변화를 소셜미디어에 전시해 타인의 인정을 받으려 한다.

과거에는 은밀하고 사적이었던 몸 관리 방식이 공개적으로 전시되기 시작한 이유는 탄탄한 몸의 이상, 즉 건강이라는 절대적 윤리가 소비의 쾌락과 결합되었기 때문이다. 다이어터들이 눈바디와 바디프로필 사진을 업로드하는 대표적인 소셜미디어인 인스타그램은

[11] 「'체중계 대신 눈바디' 행동·습관 고치는 다이어트 시대」,《조선비즈》, 2018년 4월 18일 자.

사진과 짧은 영상으로 일상을 기록하는 플랫폼이기도 하지만 무엇보다 개인의 남다른 취향과 소비 행위를 전시하는 플랫폼이다.

장기간의 다이어트를 하면서 아침, 점심, 저녁에 어떤 샐러드바에 갔고 어떤 닭가슴살 제품을 구매해 도시락을 쌌는지, 과연 그 샐러드바의 메뉴와 닭가슴살 제품은 맛있었는지, 어떤 헬스장에서 어떤 퍼스널 트레이너와 운동을 했는지, 그 헬스장의 시설은 얼마나 좋았으며 퍼스널 트레이너는 얼마나 전문적이고 체계적이었는지, 기능성 운동복은 어떤 브랜드를 선택했는지, 그 운동복은 기능성뿐 아니라 디자인 면에서도 충분히 소비할 만했는지, 바디프로필 촬영을 준비하며 어느 숍에서 제모를 하고 태닝을 했으며 무슨 콘셉트의 사진관 혹은 포토그래퍼에게 자신의 몸매 촬영을 믿고 맡겼는지⋯⋯. 행동과 습관 변화의 기록은 어느새 소비의 기록으로 변모한다. 맛있는 샐러드, 전문적인 퍼스널 트레이닝, 예쁜 운동복, 나의 취향에 부합하는 바디프로필 촬영의 선택과 소비는 유쾌하고 즐거운 동시에 건강한 식단과 운동의 실천이라는 점에서 윤리적으로 옳다.

의료인류학자 아네마리 몰은 현대 소비 사회에서 소비자–시민의 기호와 욕망은 쾌락과 윤리가 융합하는 방식으로 양성된다고 주장했다. 소비자–시민은 건강이라는 '선한 가치'를 위해 쾌락을 더는 억제하지 않는다. 오히려 쾌락을 적극적으로 추구할 수 있도록 식품·건강 산업이 소비자의 욕망을 조형한다.[12] '건강하고 맛있는' 제품을 광고하는 식품 포장을 분석하며 몰은 기업들이 '건강하지 않은 식욕을 절제하지 못하는 탐욕스러운 소비자'가 아니라, 건강한 음식을 맛있다고 느끼는 '차별화된 취향을 체화한 소비자'를 전제하고 있다고 지적한다. 예를 들어 '심혈관 질환을 방지하고 혈액 순환에 도움이 되는 유기농 주스'나 '좋은 유산균을 함유한 요거트' 광고의 핵심은 건강할 뿐 아니라 맛있다는 점이다. 건강한 음식이 맛있다고 느끼는 취향은 오랜 시간의 사회적 교육과 훈련을 거쳐 만들어졌다는 점에서 고상하다.[13] 탄탄한 몸을 만들기 위

---

[12] Annemarie Mol, "Good Taste: The Embodied Normativity of the Consumer-Citizen", *Journal of Cultural Economy* 2(3)(2009), pp. 269~283.

[13] Ibid.

한 나의 노력은 쾌락을 억누르는 고통스러운 것이 아니라 건강이라는 선한 가치를 향한 즐거운 일상과 차별화된 취향의 실천으로 재탄생하며, 전시해 마땅한 것이 된다.

알고도 먹을 수밖에 없다면

건강이라는 절대적 선이 쾌락의 영역까지 지배하는 사회에서 정상 범위를 벗어난 몸들은 점점 설 곳을 잃어간다. 체성분 분석에 따른 비만 진단에서 인간의 몸은 칼로리 섭취와 소모, 즉 식단과 운동의 합리적 계획을 통해 자유자재로 조절될 수 있는 것처럼 설명된다. 하지만 현실의 삶은 그리 호락호락하지 않다. 나래 씨에게 비만클리닉이 제시한 식단과 운동 처방은 매일 아르바이트를 하는 가난한 대학생 입장에서 쉽게 실천할 수 없는 것들이었다.

"비만 관리 프로그램을 하면서 느낀 건, 진짜 다이어트를 하려면 시간과 돈이 있어야 된다는 거예요. 프로그램 비용의 문제가 아니고, 양질의 음식을 먹기 위해서는 돈이 있어야 했어요. 하루에 5000원 갖고 (양질의) 점심, 저녁을 먹을 수는 없잖아요. 솔직히, 정크푸드밖에."

앞서 아네마리 몰이 건강을 향해 가는 선한 쾌락으로서의 식품 소비를 분석했다면, 비판이론가인 로렌 벌랜트는 식품 소비를 생존적 실천으로 분석했다. 무언가를 먹는 행위는 현대 자본주의 사회에서 부품처럼 소모되는 몸들이 유일하게 의지할 수 있는 쾌락이다. 이는 매일같이 반복되는 쳇바퀴 같은 일상을 가까스로 굴러가도록 만든다.[14] 정크푸드가 다이어트에 도움이 되지 않고 건강을 해치는 음식이라는 것을 알면서도 나래 씨가 하루 두 개의 햄버거로 끼니를 때울 수밖에 없는 이유는 학업과 아르바이트를 병행하며 늘 소진된 상태인 그에게 햄버거가 빠르고 값싼 위로와 에너지를 주기 때문이다.

무언가를 먹는 행위는 일상을 지탱하는 가장 기

[14] Lauren Berlant, "Slow Death (Sovereignty, Obesity, Lateral Agency)", *Critical Inquiry* 33(4)(2007), pp. 754~780.

초적인 실천이기에 삶의 총체적인 풍경 속에서 이해할 필요가 있다. 음식의 소비와 섭취는 누군가에게는 건강에 이로운 취향의 실천이지만 누군가에게는 고단한 삶 속의 달콤한 위안이다. 음식을 먹는 다양한 맥락이 지워지고 건강의 윤리가 소비의 쾌락과 결합되어 전시될 때, 전시할 수 없는 뚱뚱한 몸들의 삶은 지워진다.

지속가능한
몸 만들기

정희원

정희원　　　서울아산병원 노년내과 교수. 서울대 의과대학을 졸업하고 서울대병원에서 전문의를, 카이스트 의과학대학원에서 이학박사를 취득했다. 의과대학 시절 호른을 연습하며 근육 유지의 중요성을 깨달았고 이후 내과 실습을 돌며 노인의학에 완전히 매료되었다. 우리 사회의 노화와 노쇠에 관한 이야기를 담은 『지속가능한 나이듦』을 썼다.

[주요어] #바디이미지 #근육 #균형잡힌몸

[분류] 의학 > 노인의학

"사람의 나이 듦을 공부하고
수많은 사람의 삶을 간접 체험하며
거듭 느끼는 것은
젊을 때 만든 과잉이 항상
반대급부의 고통을 낳는다는 사실이다."

근감소증 연구를 위해 한국인의 근육량 자료를 분석하던 나는 당혹스러운 결과를 마주했다. 근육량은 나이가 많을수록 적은 것이 일반적이다. 그런데 한국 여성은 40~50대에 이르러 근육량이 약간씩 늘어나는 경향을 보였다. 10년 전 구할 수 있는 자료는 특정 시점에서의 연령별 근육량 분포뿐이었기에, 이것만으로 한국 여성은 다른 나라 사람과 달리 성인기 동안 근육량이 늘어난다는 결론을 내릴 수는 없었다. 그러나 나는 이 기이한 수치가 나온 이유를 1960~1970년대에 청년기를 보낸 노년 세대와 달리 21세기를 살아가는 청년층, 특히 젊은 여성들이 마르고자 하는 강렬한 열망에 휩싸여 있기 때문이라고 짐작해 보았다.

그때의 심증을 지지하는 사회적 현상은 여전히 도처에 있다. 어느 날 길을 걷다 "뼈 빼고 다 빼 드립니다."라는 광고 문구를 본 일이 있다. 퍼스널 트레이닝 업체의 광고였다. 이런 괴기스럽고 말도 안 되는 목표가 사람들의 눈길을 끄는 문구로 쓰인다. 더 아연실색할 일은, 마른 몸매를 추구하는 사람 중 종아리 근육을 위축시키는 종아리 퇴축술 같은 시술을 받는 사람이 적지 않다는 것이다. 정상적인 보행에 필요한 종아리 근육은 매끈한 '일자 다리'가 중요한 여성에게 부기를 가라앉히고 없애야 할 '종아리 알'로 인식된다. 이는 외모에 대한 그릇된 신념 체계에서 비롯된 일시적인 자기만족을 향후 50년 이상 지속될 근골격계의 불균형과 교환하는 극도로 비대칭적인 거래가 아닐 수 없다.

한국의 이상 현상을 발견하다

노년내과에서 하는 중요한 진료 중 하나는 우리 몸을 지탱하는 근육의 상태를 살피는 데 있다. 인간은 노화하면서 근력과 근육량이 줄며 여러 질병을 겪게 된다. 노년기의 근육 상태는 이후의 기대 수명뿐 아니라 혼

자서 먹고, 씻고, 배설하는 능력을 좌우한다. 심각한 병에 걸려서가 아니라 약해진 근육 때문에 일상생활이 어려워 요양원이나 요양병원에 들어가 살게 된다. 근감소증으로 뼈가 부러지거나 미끄러져 넘어지면 가뜩이나 약한 몸을 재활하는 데 더 오랜 시간이 걸리므로 병이나 노화로 근육을 잃은 사람들의 회복을 돕는 것까지가 노년내과의 진찰 범위에 있다.

대부분의 사람은 본격적으로 노화가 시작되기 전까지 근력의 중요성을 실감하지 못한다. 아니, 건강 관리의 중요성은 알지만 이때 청년들이 떠올리는 건강한 몸의 이미지는 조금 다르다. 그 이미지에는 아름다움이 덧붙는다. 심리학에서는 개인이 자기 신체에 대해 갖는 정신적 견해를 '바디 이미지'라는 개념으로 연구한다.[1] 이러한 상은 자신의 신체와 기능을 판단하는 기준으로 쓰이며 운동을 더 할 것인가, 어떤 옷을 살 것인가, 얼굴을 얼마나 꾸밀 것인가 등과 같은 사회적 행

[1] D'Alessandro, Bill Chitty, "Real or Relevant Beauty? Body Shape and Endorser Effects on Brand Attitude and Body Image," *Psychology & Marketing* 28(8)(2011), pp. 843~878.

동과 목표 설정에 영향을 준다.

각자가 떠올리는 자신의 몸 이미지와 건강'미' 넘치는 몸 이미지는 수시로 충돌한다. 짐작할 수 있듯 바디 이미지에는 우리가 속한 사회의 평균과 통념이 크게 반영된다. 기존 연구는 전 세계에서 유독 한국과 중국, 대만 여성이 정상 체중보다 몸무게가 덜 나가도 스스로 뚱뚱하다고 생각하는 경우가 많다고 짚는다.[2] 약간 과체중이어도 본인이 평균 체형이라 여기는 미국인들과 다른 반응이다.[3] 바디 이미지에 의한 잣대가 왜곡되면 저체중일 때도 끊임없이 체중 감량을 시도하는 질병인 거식증에 빠지기 쉽다. 체중 감량과 다이어트 걱정을 좀체 놓지 못하는 오늘날 젊은 한국 여성들은 슬프게도 집단적 거식증 스펙트럼에 빠져 있는 셈이다.

[2]   Noh, Kwon & Jinseok Kim, "Relationship between body image and weight status in east Asian countries: comparison between South Korea and Taiwan," *BMC Public Health* 18(814)(2018), pp. 1~8.
[3]   Fitzgibbon, Blackman & M.E. Avellone, "The relationship between body image discrepancy and body mass index across ethnic groups," *Obesity Research* 8(8)(2000), pp. 582~589.

바디프로필이 요구하는
'건강한' 몸

마른 몸에 대한 한국 사회의 집착은 좀 더 복잡한 형태로 진화하고 있다. 2020년대 들어 인스타그램을 중심으로 '바디프로필' 사진 올리기가 유행하면서, 젊은 시절의 '건강하고 아름다운' 몸매를 기록하기 위한 일련의 행동 양식이 퍼졌다. 이 한 장의 결과물을 향한 여정을 역으로 생각해 보자. 바디프로필 사진의 핵심은 표층 근육의 윤곽이 명확히 보이는 것이다. 그러려면 피하지방층이 아주 얇아야 한다. 이 때문에 트레이너들은 수강생들에게 체지방률을 가능한 한 낮추는 운동을 권하며, 촬영 전날에는 물 한 잔도 마시지 않도록 주의시켜 몸의 수분을 최대한 빼낸다.

사람의 복부를 이루는 근육인 복직근, 숨 쉴 때 벌어지는 흉곽과 날개뼈를 연결하는 전거근처럼 얇은 층의 근육이 뚜렷하게 보이려면 남성은 10퍼센트, 여성은 15퍼센트 이하로 체지방률이 내려가야 한다. 대회에 나가는 보디빌더들이 시도하는 이런 수치는 평균적인 체성분[4]으로 사는 일반인에게 당연히 무리가 가는 목표다. 근육 윤곽이 잘 보이는 것이 왜 보통 사람이 추구해야 할 건강미의 상징이 되었는지는 알 수 없지만 그 정도까지 관리할 필요가 없는 많은 사람들이 몸에 부담을 주어 가며 시나브로 이 일에 가담하고 있다.

평소 운동과 식단 조절을 하지 않고 달콤한 디저트를 즐기는 사무직 여성의 체지방률은 대개 30퍼센트를 상회한다.[5] 체지방률이 이 정도라면 체중이 적게 나가더라도 '마른 비만'으로 간주된다. 바디프로필 유행에서 가장 우려되는 사례는 마른 몸매에 대한 강박 때문에 운동하기를 무서워하던 사람이 단기간에 체성분을 급격히 바꾸는 경우다. 이들은 팔다리가 굵어질까 봐 운동은 하지 않으면서 먹는 양만 줄이는 식으로 체형을 유지하는데, 이 상태에서 피하지방을 줄이기 위한 강도 높은 운동을 하며 음식 섭취를 극단적으로

---

[4]　수분, 단백질, 지방 등 인체를 이루는 성분을 통칭하는 용어다. 병원이나 헬스장에서 하는 인바디 검사는 체성분 검사의 일종으로, 바디프로필을 준비하는 사람들은 이 검사지를 통해 근육량과 체지방률 변화를 파악한다.

[5]　문화체육관광부 체육진흥과, 「2020년 국민체력측정통계」 (2021). 2019년 조사 기준 한국인의 평균 체지방률과 체질량 지수는 30~34세 여성이 29.6퍼센트, 22.2제곱미터당 킬로그램, 같은 연령 남성은 22.4퍼센트, 25.3제곱미터당 킬로그램이다.

줄이는 '바프 프로그램'에 돌입하면 생리학적으로 우리 몸이 안전하게 경험하는 체성분 변화 속도를 현저히 넘어서게 된다.[6]

치명적인 강도,
치명적인 속도

그렇다면 체중을 줄이는 적절한 방법은 무엇일까? 골자는 에너지 섭취와 에너지 사용의 균형을 과도하게 바꾸지 않는 데 있다. 청량음료 같은 단순당이나 과자, 도넛 같은 정제 탄수화물을 피하고 탄수화물·단백질·지방 등 거대 영양소가 균형을 이루면 몸속 근육이 음식물에서 에너지를 더 많이 흡수한다. 이렇게 대사 항상성을 개선하면 1년에 10킬로그램 이상 지방을 뺄 수 있다. 물론 이처럼 느리게 체성분을 변화시키는 처방이 따분한 과정인 것은 사실이지만 이런 점진적인 방

---

[6]   그 상한을 명시하기는 어려우나, 체중 변화 없이 지방을 근육으로 바꾼다고 할 때 한 달에 1킬로그램 정도가 자연스러운 식사와 무리하지 않는 운동을 하며 체성분 구성을 변화시킬 수 있는 통상적인 한계로 생각한다.

법이 말년의 건강을 지키는 유력한 길이라는 것이 전문가들의 의견이다.

　바디프로필 프로그램은 필수 영양과 수분마저 줄인 식이 요법으로 신체 균형을 순식간에 무너뜨린다. 단식에 가까운 식사는 호르몬 균형을 깨뜨리는데 그 상태가 지속되면 대사적으로 기아 상태, 더 심하게는 토포[7]에 가까운 상태가 된다. 이런 생리학적 교란은 폭식과 지방 증가라는 요요 현상으로 이어진다. 운동을 전혀 하지 않던 사람이 바디프로필을 계기로 조금이라도 운동을 하게 된다면 그 나름의 이점이 있다고 생각할 수도 있다. 평소보다 단백질을 많이 먹으며 단기간에 근력 운동을 하면 근육량을 보존하거나 늘릴 수 있기는 하다. 그러나 급격한 체형 변화 프로그램 자체의 문제를 피할 수는 없다. 게다가 단백질이 너무 많이 포함된 식사는 세포와 조직의 생물학적 노화 속도를 빠르게 만드는 이른바 가속노화 현상을 초래하기도 한다.

　오랜 기간 헬스를 하며 쌓은 자신감으로 운동 내

---

[7]　torpor. 동물이 외부 환경에 대응하기 위해 신진대사를 극단적으로 줄이는 상태를 말한다.

공을 뽐내는 이들은 어떨까. '근손실'을 우려하며 근력 운동과 식단 관리에 열중하는 운동 애호가 중에는 유연성과 협응, 균형 등 다른 기능적 요소는 충분히 고려하지 않으면서 중량과 운동 횟수를 늘리는 방향으로 트레이닝을 하는 이들이 있다. 오로지 근육을 키우기 위해서다. 이런 몸은 겉보기에는 멋질지 몰라도 속으로는 불균형이 쌓이고 있는 것인데, 무리한 운동의 결과로 일상의 자세가 바뀌거나 근골격계의 통증이 생기기도 한다. 근육과 인대, 관절처럼 눈에 보이지 않는 요소의 변화도 있다. 예를 들면 대흉근과 소흉근이 상대적으로 더 발달하면서 날개뼈가 앞과 안으로 더 굽어서 목의 긴장과 불편이 심해지거나 엉덩이와 넓적다리를 지지하는 장요근과 대퇴사두근이 짧아지면서 상체의 불균형이 더 커지는 식이다. 후자의 경우 목과 허리의 통증으로 발전하기도 한다. 이런 유형의 근골격계 환자가 적지 않다 보니 근력 운동 자체를 색안경 끼고 보는 의사도 더러 있을 정도다.

균형 잡힌 운동의 중요성

사람의 몸은 매우 정교하고 복잡한 기계다. 모든 것이 설계된 대로 잘 유지되면 괜찮겠지만 근골격계 시스템 중 한두 요소라도 치우침이 생기면 기능에 문제가 생긴다. 진정 건강한 몸의 이미지는 바디프로필 속 매끈한 몸이 아닌 골고루 균형 잡힌 몸에 가깝다. 의학적으로 균형이란 체성분의 균형이나 상체와 하체의 균형부터 생애주기와 질병 정도에 알맞은 에너지를 섭취하고 활용하는 균형, 관절을 굽히는 근육과 펴는 근육 간의 균형, 관절의 안정성과 가동 범위 등 무수히 많은 파라미터가 정상에서 크게 벗어나지 않도록 하는 것까지 다차원적이다. 이런 균형을 잡을 수 있다면 근골격계의 변형과 통증, 퇴행이 더 적은 범위에서 천천히 일어나 노년기의 일상이 훨씬 덜 고통스럽다.

신체 불균형이 누적된 현실은 녹록지 않다. 근감소증과 여러 근골격계 통증으로 어려움을 겪는 이르신들을 진료하다 보면 그 원인은 대부분 수십 년간 누적된 습관에서 찾게 된다. 젊을 때부터 다이어트를 반복하고 음식을 너무 적게 먹어 생긴 불균형도 있지만,

정희원

'몸에 좋다고 배운' 걷기 운동을 불균형한 자세로 꾸준히 한 바람에 문제가 생기기도 한다. 가끔 운동을 매일 한다는 환자가 "운동을 열심히 하는데 왜 더 아파지나요?"라고 묻기도 하는데, 평소 운동 기하와 근육군 사이의 균형을 살펴보면 주로 통증의 원인이 된 불균형을 악화시키는 방향으로 운동 습관이 들어 있다.

균형 잡힌 근골격계 시스템의 중요성을 고려할 때 예의 극단 처방은 앞으로 수십 년간 조심히 사용해야 할 내 몸에 거대한 균열을 만드는 것이나 다름없다. 먹지도 움직이지도 않거나 과하게 챙겨 먹고 무리하게 움직이기보다 하루 5분이라도 맨몸 운동으로 땀을 흘리자. 대표적인 근력 운동인 데드 리프트나 턱걸이도 횟수를 늘리다 보면 심폐 한계를 느낄 수 있다는 점에서 유산소 운동과 근력 운동을 구분하는 일은 사실상 큰 의미가 없어 보인다. 스쿼트나 브리지 운동처럼 도구가 필요 없는 근육 운동을 습관화하는 것만으로 지속가능한 몸을 위한 준비는 충분하다.[8]

[8] 정희원, 『지속가능한 나이듦』(두리반, 2021) 1부에 균형 잡힌 몸을 만들기 위한 다른 실천 방법이 수록되어 있다.

중용의 미로 돌아온다면

인스타그램을 통해 본인의 사회적 위치를 끊임없이 드러내고 이를 남과 비교하는 것이 일상화된 환경은 조급한 마음에 불을 지핀다. 미디어와 소비주의가 만들어 낸 건강미의 표상, 바디프로필이 지향하는 외모는 위치재로서의 바디 이미지를 형성한다. 높은 사회적 위치에 대한 사람들의 집착은 그 사회의 불평등 정도와 관련이 있다.[9] 빠르게 벌어진 세대 간, 세대 내 자산 및 소득 격차가 20~30대의 잠재의식을 자극하며 이들을 바디프로필 시장의 큰손으로 키우고 있다. 바디프로필 관련 사업은 거대한 비즈니스가 되었고, 그 사업이 미디어에 더 많이 노출될수록 바디프로필 촬영은 '안 하면 뒤처지는' 활동으로 자리 잡게 된다.

[9]　Lukasz Walasek & Gordon DA Brown, "Income Inequality and Status Seeking: Searching for Positional Goods in Unequal US States," *Psychological Science* 26(4)(2015), pp. 527~533; Wilkinson, Richard G. & Kate E. Pickett, "The enemy between Us: The Psychological and Social Costs of Inequality," *European Journal of Social Psychology* 47(1)(2017), pp. 11~24.

정희원

그러나 내가 사람의 나이 듦을 공부하고 수많은 사람의 삶을 간접 체험하며 거듭 느끼는 것은 젊을 때 만든 과잉이 항상 반대급부의 고통을 낳는다는 사실이다. 남들 보기에 화려한 청년기를 보낸 사람도 그간 누적된 불균형 탓에 불행한 노년기를 맞이하는 경우가 많다. 사람들의 노화 궤적을 관찰한 장기 연구들에서 건강하고 행복하게 나이 드는 사람은 젊어서부터 어느 한쪽에 치우치지 않는 몸과 마음의 상태를 만들고 지킨 이들이었다. 지속가능한 운동 습관을 일찍이 만들고 80~90대까지 실천한 사람들이 생애 전체에서 건강 상태를 가장 오래 유지했다. 고강도 반복 훈련으로 몸을 많이 쓴 운동선수라도 균형 잡힌 운동 루틴을 형성하면 일반적인 성인 평균보다 나은 신체 능력과 인지 능력을 평생 유지할 수 있었다.[10] 20대와 30대는 한 살 한 살 나이를 먹으며 거시적 건강 경로를 다지는 시기다. 겉보기에 멋진 모습을 급히 쫓기에 앞서 내 몸의 균형을 먼저 살펴야 한다.

[10]   Tanaka, Tarumi & Jörn Rittweger, "Aging and Physiological Lessons from Master Athletes," *Comprehensive Physiology* 10(1)(2020), pp. 261~296.

얼굴을
잃지 않는 대화

박정호

박정호   프랑스에서 마르셀 모스의 사회학을 공부하고 현재 대구대 사회학과 교수로 재직하고 있다. 현대 사회의 선물과 희생 제의에 관한 문화적 담론과 실천을 연구하면서, 마르셀 모스의 주요 저작을 선별해 번역하고 있다. 증여와 선물에 관한 다수의 논문을 발표했고 미셸 마페졸리의 『부족의 시대』(공역), 로베르 에르츠의 『죽음과 오른손』을 우리말로 옮겼다.

[주요어] #대화법 #대면상호작용 #체면
[분류] 사회학 > 현대사회학이론

"무언가를 주는 것은 나 자신을 주는 것이다.
우리는 말을 줌으로써 나를, 나의 얼굴을,
그리고 얼굴로 표현되는 신성한 자아를 준다.
아무리 사소한 대화라고 해도
상대방은 내 말에 실려 오는 나의 얼굴을 받고,
이어서 자신의 얼굴도 내게 내놓는다."

종강을 앞두고 작은 워크숍을 준비하면서 1학년 학생들과 함께 식사할 기회가 있었다. 30여 명이 테이블에 삼삼오오 모여 앉아 하나둘씩 마스크를 벗자 여기저기서 낯선 얼굴들이 나타났다. 나는 그 생소한 얼굴들에 적잖이 놀랐다. 모두 처음 보는 얼굴처럼 느껴졌다. 그제야 내가 학생들의 하관과 마스크 모양새를 줄곧 동일시했음을 깨달았다. 한 학기 수업을 '대면'으로 진행했건만, 학생들의 얼굴 절반을 똑같은 형태의 마스크에서 유추해 바라본 것이다. 마스크 뒤 얼굴을 노출한 학생들도 당혹스러운 기색이었다. 학생들은 식사를 마치자 서둘러 마스크를 다시 썼고, 얼굴이 절반쯤 부재한 일상의 편안함으로 되돌아갔다.

코와 입을 포함한 얼굴의 3분의 2를 가리는 것이 자아 연출의 하나로 선택되는 시대에, 가면과 얼굴 그리고 자아가 맺는 미묘한 관계는 우리에게 몇 가지 중요한 질문을 던진다. 가면은 얼굴을 가리는 도구가 아니라 또 다른 형태의 얼굴이 아닐까? 우리는 자신에게 그리고 타인에게 자기 얼굴이 눈, 코, 입이 달린 단순한 살갗 이상의 의미를 지닌다는 사실을 이해시키려고 애쓴다. 그래서 우리는 '맨얼굴'은 진짜 얼굴이 아니라고 생각한다. 민낯에서 자아를 확립하려는 사람은 찾기 어렵다.

오늘날 개인들은 각자 원하는 자아상을 얼굴에 집결시킨다. 그리고 타인에게 비친 얼굴로 자기 정체성을 확인하거나 창조한다. 타인에게 내 얼굴이 어떻게 비칠지 근심하는 것은 우리가 서로 사람으로 현상하려는 욕망에서 기인한다. 따라서 얼굴을 대하는 태도와 방법에 인간성의 문제가 통째로 걸려 있다고 해도 과언이 아니다. 그렇다면 자아를 드러내는 얼굴들은 어떤 방식으로 접촉하고 마주쳐야 하는가? 얼굴을 서로 존중하려면 어떤 형태의 상호작용이 필요한가? 우리는 이 질문을 풀 열쇠를 대면 상호작용(face-to-face interac-

박정호

tion)이라는 사회학의 오래된 개념에서 찾을 수 있다.

성스러워진 현대인의 자아

인간은 오랫동안 사회가 정해 준 역할을 맡아 그에 어울리는 가면과 이름, 목소리를 통해 살아온 존재였다. 과거 사회에서 내가 누구인지를 말해 주는 음성은 역할 수행을 위해 착용해야 할 가면에서 나왔다.

사람(person)을 뜻하는 라틴어 페르소나(persona) 는 인간이 가면을 '통해(per)' 어떤 '목소리를 내는 (sonare)' 존재였음을 보여 준다.[1] 가면에 순종하는 삶만 정당한 삶으로 허용되었다. 그래서 역할에 소홀한 사람은 자기 배역을 포기하고 가면을 벗어던지는 인물로 취급당했다. 가면에 생긴 흠집만으로 타인의 목숨을 뺏거나 자기 목숨을 끊는 일도 종종 벌어지곤 했다. 과거 사람들은 사회가 씌워 준 가면에 모든 것을 걸었다. 귀족답게, 하인답게, 부모답게, 자식답게 살면서 남

[1]   Marcel Mauss, "Une catégorie de l'esprit humain: la notion de personne," *Sociologie et anthropologie*(PUF, 1999[1938]) pp. 331~362.

들의 기대에 부응하는 얼굴을 갖는 것이 중요했을 뿐 내 얼굴로 온전히 나답게 사는 일은 허용되지 않았다.

현대의 자아 개념은 이러한 전통적 얼굴 관념에 대한 도전에서 생겨났다. 귀속 지위에 따라 가면을 물려받던 사회가 후퇴하고 각자 원하는 가면을 선택할 수 있는 사회가 도래했다. 더 나아가 사회적 역할에 구속되지 않는 자아상이 등장했다. 가면과 자아가 분리된 것이다. 물론 가면에서 삶의 대의명분을 찾는 이들도 여전히 존재하지만, 현대인 대다수는 페르소나에 크게 좌우되지 않는 진짜 자아를 갖고 있다고 생각한다. 복면을 쓴 은행 강도도 강도 역할을 성실하게 수행하는 데에서 둘도 없는 나를 찾지는 않는다.

오늘날 개인은 진짜 나를 드러낼 수 있는 곳은 가면이 아니라 가면 뒤의 얼굴이라고 확신한다. 과거 사람들은 역할 수행에 실패하면 상심했지만, 현대인은 상심하지 않기를 서로 원한다. 가면이 우리 삶에 의미를 부여하더라도 우리는 가면에 전 인격을 할당하지 않는다. 그래서 누군가 역할 수행에 실패하더라도 우리는 그를 '실패한 사람'으로 보지 않는다. 그 대신 '누구나 그럴 수 있다'는 위로를 보낸다. 노력이 부족해서가 아니라 역할이 무거웠다며 당사자가 아닌 역할을 탓한다. 우리는 역할이라는 거푸집에 강제로 끼워 맞출 수 없는 얼굴이 있음을 안다. 이처럼 서로 체면을 잃지 않도록 보호하기 위해 애쓰는 가면 뒤의 얼굴, 바로 그것이 자아의 신성함을 표시하는 얼굴이다.

사람들 사이의 미시적 상호작용을 예리하게 파헤쳤던 사회학자 어빙 고프먼에 따르면 현대의 개인들은 신에게 등을 돌린 이래로 서로 '성스러운 존재'로 마주해야 할 의무를 진다. 과거의 신이 독점했던 신성함을 현대의 개인들이 나눠 가졌기 때문이다. 그래서 각자는 의례에 참여하는 것처럼 조심성을 가지고 자신의 자아와 타인의 자아를 숭배해야 한다. 현대인은 숭배받는 신이자 동시에 그 신을 숭배하는 신자로서 만나기에 서로 각별히 존중하는 의례를 연출해야 한다.[2] 이 의례에는 낯선 타인의 얼굴을 빤히 쳐다보지 않는 예의 바른 무관심, 어깨너머로 들려온 친구들의 대화를 못 들은 척하는 마음 씀씀이도 포함되지만, 그보다 더 섬세함을 요구하는 의례는 분명 얼굴을 마주 보고

[2]   어빙 고프먼, 진수미 옮김, 『상호작용 의례』(아카넷, 2013), 103쪽.

이루어지는 매일매일의 구두 상호작용일 것이다.

대화 주고받기 의례

얼굴은 자아가 전시되고 그 신성함이 확인되는 유일한 신체 부위다. 그런데 '누구나 신성한 자아를 지닌다'는 명제는 객관적 사실이 아니라 당위이자 픽션이다. 그것은 매 순간 검증해도 단 한 번의 실수로 무너지는 취약한 규칙이다. 타인과 얼굴을 맞댄 대화로 서로 경의와 존중을 보일 때 자아의 신성함이 확인된다. 하지만 나의 체면을 지키면서 상대의 체면도 살려 주는 대화는 쉬운 일이 아니다. 자기 체면에만 집착하는 그릇된 자존심으로 대화를 독점하려는 사람들, 반대로 체면을 잃을까 두려워 고독이라는 안전지대를 택하는 사람들이 우리 주변에 얼마나 많은지 떠올려 보자.

얼굴을 보호하려면 선물을 주고받듯이 대화해야 한다. 원칙적으로 얼굴은 사고팔거나 훔치고 빼앗는 물건이 아니다. 얼굴은 선물처럼 건네받고 답례해야 할 자아상이며, 대화는 얼굴을 말에 실어 나르는 수레 바퀴를 굴리는 일이다. 대화 속에서 말은 증여의 사이

박정호

클을 따라간다. 사업상의 거래든 일상의 사교 관계든 아니면 길거리에서 낯선 이와의 마주침이든 모두 마찬가지다. '이제 당신이 말할 차례입니다'라는 소리 없는 암시, 발언권을 서로에게 부드럽게 넘겨주는 선물의 정신은 우리 모두를 대화의 장으로 이끄는 초대장이다. 이렇듯 경직된 근육을 풀어 주듯이 대화가 오가려면 주의 깊게 마련된 증여의 리듬 규칙이 필요하다. 리듬 규칙은 대화 당사자들에게 동조 압력을 행사한다. 나와 상대 모두 이 압력을 인식하고 느껴야 한다. 그래야만 서로 자연스럽게 장단을 맞추는 말을 구사할 수 있다.

대면 상호작용 의례로서 대화는 메시지의 즉각적 교환으로 축소되지 않는다. 마르셀 모스가 말했듯 무언가를 주는 것은 나 자신을 주는 것이다.[3] 우리는 말을 줌으로써 나를, 나의 얼굴을, 그리고 얼굴로 표현되는 신성한 자아를 준다. 아무리 사소한 대화라고 해도 상대방은 내 말에 실려 오는 나의 얼굴을 받고, 이어서 자신의 얼굴도 내게 내놓는다. 부득이하게 출석하지

---

[3] 마르셀 모스, 이상률 옮김, 『증여론』(한길사, 2002) 71쪽, 192쪽 참조.

못하는 경우 공인 출석계를 교탁 위에 올려놓고 부리나케 강의실 밖으로 나가는 학생은 거의 없다. 이때 출석계는 메시지만 보내는 종이 한 장이 아니라 내 얼굴의 대체물이자 교수자에게 건네는 내 존재의 일부이기 때문이다. 출석계를 제출하는 학생이라면 누구나 교수자가 말을 걸어와 (결석 사유만이 아니라!) 자기 얼굴을 인정해 주길 기대한다. 비록 수업에 빠졌더라도 교수자의 존대를 받아야 하는 성스러운 존재임을 말이다.

그렇지만 선물 주고받기가 마냥 반가운 일이 아니듯 대면 상호작용이 골치 아픈 일로 여겨질 때도 흔하다. 얼굴을 마주한 상황이 마치 서로의 존재를 저당 잡는 구속처럼 느껴지는 것이다. 그래서 우리는 얼굴과 말을 단번에 분리하는 기술로 계속 도피하고 있다. 교내 포털 사이트를 통한 출결 이의 신청, 화상 수업 중 카메라 끄기, 키오스크 주문과 문 앞 배송에 이르기까지 우리는 서로의 얼굴을 순환시키는 증여의 부담에서 점점 더 벗어나고 있다. 이를 그저 환영해야만 할까. 내 얼굴을 신지 않은 말 한마디가 결국 타인의 얼굴을 무시하는 말로 이어지는 것은 아닐까.

얼굴이 모욕당할 때

우리는 대화가 서로의 얼굴을 보호하기는커녕 오히려 각자의 자아를 해치는 방향으로 뒤틀리는 경우를 흔히 접한다. 일반적으로 누군가가 나에게 매서운 말로 공격하면 나도 맞대응을 행사한다. 하지만 그보다는 말 폭력의 악순환을 선물의 선순환으로 전환하는 것이 더 현명하다. 가령 얼굴이 손상될 상황이 오기 전에 먼저 한발 물러서는 게 좋다. 얼굴이 이미 망가졌을 때는 그것을 원래 상태로 되돌려야 한다. 이 모든 것은 상호비대칭성을 요구한다. 나와 타인이 서로 맞서는 상호대칭성에서는 얼굴을 살리는 대화의 윤리가 결코 도출될 수 없다. 나와 타인의 비대칭성, 다시 말해 둘 중 누군가 한발 먼저 물러나는 용서 혹은 사죄의 정신 또한 나를 타인에게 증여하는 대화 윤리의 핵심이다. 나의 성스러운 이미지를 깎아내리는 사소한 모욕이나 비방을 너그러이 눈감아 주는 것은 내가 먼저 나를 줌으로써 나와 타인의 얼굴 모두를 성스럽게 만드는 선물 기술에 속한다.

　고프먼은 얼굴을 보호하는 대화 기법에서 인간을

성스러운 대상으로 승인하는 세속적 의례를 발견했고, 이 의례가 일종의 '주고받기'라는 선물 형식을 취한다는 사실도 간파했다. 또한 이 대화 기법이 현대인의 온갖 상호작용을 떠받치는 버팀목임을 강조했다. 그러나 고프먼의 관점은 지나치게 이상적이다. 현실에서 이러한 대화 기법은 단단한 버팀목이라기보다는 허물어지는 기둥에 가깝다. 타인의 얼굴을 존중하는 의례 게임의 선수가 되는 것은 결코 쉬운 일이 아니다. 대화 주고받기 의례에는 고수보다 하수가 더 많은 게 우리가 한국 사회에서 여전히 확인하는 현실이다.

> 오늘날 우리는 체면을 지킬 의지를 전혀 갖지 않는 사람들을 너무나 많이 만나게 된다. 민낯을 드러내는 것을 주저하지 않는 사람들, 타인의 성스러움을 훼손하는 것은 결국 자신의 성스러움을 망가뜨리는 것이라는 것을 이해하지 못하는 사람들, 그래서 그들은 스스로 성스러운 존재가 되기를 포기하고도 수치를 느끼지 못한다.[4]

[4] 하홍규, 「도시 속의 성스러움」,《문화와사회》 제15권(2013), 183쪽.

박정호

공적 가면을 무시하고 진정한 자신이라는 환상을 앞세우는 얼굴, 업무상 사소한 실수에 폭언을 일삼는 안하무인의 얼굴, 연장자임을 뻐기는 허장성세의 얼굴들은 타인의 존중을 받지 않아도 상관없다는 비뚤어진 자립의 형상을 취한다. 그들이 발화하는 갑질의 언어는 주고받고 답례하는 선물의 회로에서 이탈해 자신과 타인의 성스러움을 동시에 망가뜨린다. '갑'이 행사하는 모욕은 '을'이 말할 기회를, 자신의 얼굴로 성스러움을 표현할 기회를 박탈한다. 갑질은 늘 일방적이다. 그래서 을이 건네는 모든 답례 발화를 건방진 '말대꾸'로만 인식한다. 주고받고 답례하는 언어의 순환이 중지되면 우리의 얼굴은 무시와 모욕의 속된 폭력의 사슬에 묶여 성스러움을 연출할 가능성을 잃어버리고 만다.

디지털 세계의 얼굴

그런데 대면 상호작용의 범위에서 벗어나는 또 다른 얼굴이 존재한다. 그것은 소셜미디어와 유튜브에서 볼 수 있는 얼굴이다. 아는 이들과 직접 마주 보는 얼굴이 아닌 불특정 다수의 피드백을 원하는 얼굴, '보정'되고

'게시'되는 프로필로서의 얼굴이 점점 더 주목받고 있다.[5] 개인적 교류를 기반으로 하는 대면 관계 바깥에서 나를 구축하려는 욕망은 계속 커지고 있다. 프로필로서 얼굴은 역할이나 내면의 자아와 거의 무관하다. 팔로워나 구독자가 클릭할 가능성이 농후한 얼굴로 자신을 전시하는 것이 중요하다. 프로필은 팔리는 얼굴을 지향한다. 얼굴이 팔린다는 말은 이제 망신을 뜻하지 않는다. 현대의 개인들은 점점 더 팔리는 얼굴을 만들기 위해 경쟁한다.

그 결과 얼굴은 대중의 평가를 기다리는 리뷰 대상이 되었다. 코로나에 걸린 한 환자는 유튜브를 통해 날마다 수척해지는 안색을 노출한 후, 마음에 드셨으면 '좋아요'와 '구독'을 눌러 달라고 요청한다. 주변 사람과의 친밀한 인간관계를 넘어 더 많은 익명의 사람들이 자신을 어떻게 보는지도 알아야겠다는 것이다. 얼굴은 더 많은 대중이 좋아하는 방식에 따라 계속 업데이트되어야 한다. 이에 따라 추상적 대중과 한 개인 사이에 전대미문의 선물 회로가 생겨난다. 좋아요와 구독을

[5] 한스 게오르크 묄러·폴 담브로시오, 김한슬기 옮김, 『프로필 사회』 (생각이음, 2022).

'받은' 사람은 한층 더 업데이트된 프로필로 자기를 '돌려주어야' 한다. 그런데 이 선물의 질서는 최종적으로 팔리는 얼굴의 가격을 따져 묻는("한 달 수익이 얼마인가요?") 상품의 질서로 귀결한다.

현대인의 얼굴은 불안하다. 우리의 얼굴은 매번 피드백받으며 가장된 진정성을 연출하기에 바쁘다. 주목받고 팔리는 얼굴에 대한 강박적 관심으로 인터넷상에는 온갖 거친 설전이 오간다. 우리는 SNS에 올린 내 얼굴이 '디스'당하지 않을까 걱정하면서도 대중에게 공개된 상업적 얼굴을 향해서는 과도한 진정성을 요구한다. 돈벌이에 당당한 얼굴들이 진정성을 의심하는 악성 댓글로 순위에서 밀려나 다음 날 황급히 용서를 구하는 촌극은 이제 낯설지 않다.

언젠가부터 우리는 얼굴과 대화를 선물처럼 순환시키는 법을 잊고 사는 것 같다. 그렇다면 우리는 어디서 서로의 성스러움을 확인할 수 있을까. 이 물음을 함께 고민해야 한다. 얼굴과 말이 따로 놀고, 진정성과 상업성이 뒤섞이고, 얼굴을 놓고 누구나 가해자이자 피해자가 되는 시대에 그래도 '당신의 얼굴은 내게 선물이다'라는 인정을 주고받기 위해서 무엇이 필요한지 말이다.

비누거품 아래,
죄와 부채

김현주

김현주 고려대 철학과 학부를 졸업하고 한국예술종합학교 미술이론과에서 전문사를, 고려대 영상문화학 협동과정에서 「선물로서의 현대미술 가치 연구」로 박사학위를 받았다. 예술의 상품 가치 대신 선물과 증여 가치에 대해 고민한다. 정체성을 폐업큐레이터에 두고, 일이 있을 때만 잠깐씩 전시를 만들고, 글을 쓴다. 사회적 쟁점, 사회적 소수자의 문제에 예술로 개입하고자 하며 정주보다는 유목적 활동에 관심을 갖는다.

[주요어] #시각예술 #증여론 #부채감
[분류] 예술문화 > 미술비평

"선물을 줄 때의 관대함이
받는 이에게 부채감으로 남는 것을
막으려면 대단한 고려와
기술이 필요하다. 이를 가장
교활히 행할 수 있는 방법 중
하나가 바로 예술이다."

이그나츠 제멜바이스, 19세기 독일 출신의 헝가리 의사. 그의 이름은 비록 생소하나 생전의 주장은 오늘까지 혁혁한 영향력을 미친다. 그것은 손을 씻자는 것. 산모 4명 중 1명이 산욕열로 숨질 만큼 출산 자체가 위험인 시절, 염소액에 손을 씻고 산모를 돌봐야 한다는 주장은 발표 당시 미친 주장 취급을 받았다. 제멜바이스는 정신병자로 몰려 병원에 감금됐다가 세균에 감염되어 사망하고 만다.

팬데믹을 거치며 마스크와 손 씻기가 기본 중의 기본인 요즘, 비누로 손 씻자는 이 간결한 주장이 불순분자의 선동으로 여겨진 그 시대가 아득하고 또 불가해하다. 제멜바이스의 메시지가 응축된 비누는 대량

생산이 가능해지면서 널리 보급되어 위생과 화장이라는 큰 두 축을 담당한다. 특히 향을 배합한 비누는 향수 시장에서 고가품으로 팔리며 향수, 향초와 더불어 외모를 가꾸는 나만의 틈새 취향을 드러내는 공신이다.

21세기 비누를 둘러싼 소란을 만든 이는 독일 출신이자 네덜란드에서 활동하는 퍼포먼스 제작자, 음악가, 시각예술가인 율리안 헤첼(Julian Hetzel)이다. 헤첼은 2019년 「셀프(Self)」라는 프로젝트로 '러쉬'나 '딥디크' 같은 화장품과 향수 매장을 연상시키는 스토어를 열어 비누를 판매했다. 125그램, 20유로에 판매되는 비누 포장지에는 '셀프' 로고와 인간 비누(Human Soap)라는 문자가 간결히 담겨 있다. 성형수술로 추출한 제1세계 인간 지방 조직으로 제작한 비누였다.

외모에 열광하는 세태에 예술가가 편승해 틈새시장을 개척한 것처럼 보이나 그의 시도는 세태를 뒤집어 보기였다. 작가가 홈페이지에 공개한 영상은 적나라한 지방 조직 추출 장면, 비대한 몸에서 출렁이는 지방, 상업광고 형식으로 정제된 비누 장면과 깨끗한 물을 갈급하게 요구하는 아프리카 장면을 병치한다. 이 비누는 미적 쾌감을 극진히 추구하는 오늘날 상품의

김현주

외양을 취하면서도, 상품과는 또 다른 가치로 사고되는 선물을 둘러싼 문제 또한 불러일으킨다.

선물이란 무엇인가

「셀프」는 헤첼이 초기작에서부터 견지해 온 선물과 원조 개념에 대한 투철한 고민의 연장선에 있다. 흔히 선물과 원조라면 응당 좋은 것 아닌가 의문이 들 수 있으나 실상 그렇게 단순하지 않다. 선물이란 무엇인가? 우리에게 선물은 대단히 보편적이고 익숙한 대상이자 친밀한 관계의 은유다. 그런데 선물은 기쁨, 감사, 행복과 같은 정서적 고양에 그치지 않고 채무와 죄책감 같은 부정적 감정을 낳기도 한다. 선물에는 위계와 서열 관계도 투영된다.

국가 간에는 이른바 잘사는 나라가 못사는 나라에 무상으로 보내는 개발 원조와 유상 원조를 구분해 전자를 좋은 일로 여긴다. 그런데 선물의 형식을 취하는 원조가 그렇게 단순하지 않다는 것이 헤첼의 문제의식이다. 헤첼은 초기작 「후원자(Benefactor)」(2011)에서 원조의 이름을 취해 선함으로 분류되는 행위의 이면을 지적한다. 당시 네덜란드 정치인 프리츠 볼크스킨은 예술 예산을 감당하려면 우선 개발 원조를 줄여야 한다고 발언했는데, 헤첼은 이렇게 되물었다. "어떻게 개발 원조를 예술로 바꿀 것인가, 어떻게 예술을 개발 원조로 바꿀 것인가?" 이어진 헤첼의 행보는 단순했다. 자신이 받은 예술 기금 2000유로에서 매일 1유로씩 아프리카 아동을 후원한 것이다.[1]

정치경제학적 쟁점을 다큐멘터리적 접근법으로 구현하는 「죄책감공장(Schuldfabrik)」(2016)과 「셀프」는 그의 표현을 빌리자면 '죄책감 업사이클링(upcycling of guilt)으로, 이윤 창출에 매진하는 기업에 사회적 책임을 묻는다. 「셀프」 매장의 수익은 전작과 마찬가지로 제3세계 후원에 쓰였다.[2] 상호작용하는 수행적인 설치 작업으로 간주되는 헤첼의 이 작업들은 독일어 '슐트(Schuld)'가 도덕적 의무를 뜻하는 죄와 경제적 의무를 뜻하는 부채라는 두 의미를 가지고 있음을

[1]   율리안 헤첼 웹사이트, http://julian-hetzel.com/projects/the-benefactor/ (2020년 9월 11일 접속)
[2]   이 작업의 판매 수익은 물 부족 국가인 중앙아메리카 콩고에 상수 시스템을 위해 후원된다. 율리안 헤첼의 「셀프」 프로젝트, https://humansoap.com/give/ (2021년 4월 15일 접속)

김현주

숨기지 않는다. 자본주의 시장경제에서 당연시하는 국제 무역에서 선물의 외양으로 투하하는 제3세계 원조가 실상 불평등을 가리고 면죄를 획득하는 실정을 낱낱이 드러낸다. 죄책감을 씻어 버리라는 일갈은 오히려 결코 씻을 수 없는 것들을 직시하게 한다. 비누 거품 아래에는 위생과 외모 치장 외에도 씻기 힘든 죄와 부채가 자리한다.

선물을 얻기 위한 면접

"사람을 찾습니다. 선물 1만 5000유로." 헤첼의 2022년 작품 「빛이 있을 것이다」는 누군가에게 1만 5000유로를 무상으로 지급하기를 목표로 했다. 자본주의 사회는 노동력을 제공하고 임금을 받는다. 인간살이의 필요를 구성하는 요소들은 돈을 지불해야만 충당 가능하다. 이런 세상에서 일을 그만두고 예술가가 되라는 선언은 달콤하지만 허무맹랑하게 들릴 수 있다. 「빛이 있을 것이다」는 70여 명에 달하는 지원자를 공개 인터뷰하고 그중 7명의 결선 진출자를 선정해 헤첼의 스튜디오에서 최종 1인을 선정하는 방식으로 진행되었다.

연극적 공간에 자리한 부스에서 30분 동안 면접을 실시한다. 돈에 대한 첫 번째 기억, 지금 소유하고 있는 가장 비싼 것, 돈을 얼마나 가지고 있는지 등의 질문에 면접자는 답해야만 한다. 헤첼은 이 과정을 넷플릭스 쇼에 빗대기도 했다. 선물이라고 칭하는 2000만 원에 달하는 돈을 얻기 위해 삶의 서사를 건네야 하는 절차가 분명 면접자에게 유쾌할 수만은 없을 것이다. 이 과정을 지켜보는 관객들 또한 예술 행위와 사회적 관계를 명확히 분리해서 감상의 즐거움만을 취할 수 없다.

이 촌극에서 누가 선물을 주는 자이고, 또 누가 선물을 받는 자일까. 지켜보는 관객은 죄책감에서 자유로울까. 방관자이기에 가담자로 분하게 되는 조건 앞에서 예술이기 때문에 모든 것이 허용된다는 해묵은 수사는 한없이 가볍기만 하다. 자본주의 사회에서 예술의 위기를 꼬집는 이 프로젝트는 사회 밖에 가설무대를 세워 진행되는 것일 수 없으며 선물 또한 상품경제의 여집합만을 구성하는 게 아니다.

선물의 역설

선물이 낳는 부채감은 일찍이 프리드리히 니체가 주요하게 다룬 주제다. 니체는 『차라투스트라는 이렇게 말했다』의 서두에서 선물이 지닌 위험성과 그 역설적 성격에 대해 통찰했다. 10년간의 산중 명상을 마친 후 하산하는 차라투스트라가 제일 처음 마주친 성자에게 말한다. "나는 사람들에게 선물을 가져가고 있는 것이다."[3] 이에 성자는 그들에게 아무것도 주지 말며 차라리 그들에게서 빼앗아 그것을 그들과 나누어 짊어지고 오히려 그들로 하여금 그것을 위해 구걸하도록 하라는 조언을 남긴다.

차라투스트라는 지혜를 갈구하는 이들에게 베풀기 위해 하산을 결심한다. 그러나 그 '지혜'라는 '선물'을 주는 이유가 역설적임을 분명 알고 있다. "나는 베풀어 주고 싶고 나누어 주고 싶다. 사람들 가운데에서 지혜로운 자들이 다시 한번 그들의 어리석음을 기뻐하고, 가난한 자들이 다시 한번 그들의 넉넉함을 기뻐할

[3] 프리드리히 니체, 정동호 옮김, 『차라투스트라는 이렇게 말했다』 (책세상, 2000), 14~15쪽.

때까지."[4] 선물은 이처럼 지혜와 어리석음이, 가난과 넉넉함이 얽혀 타래를 이룬다. 선물의 음영까지 파악할 때 신의 은총이라고까지 치켜세워지는 선물을 현실의 문턱에서 주고받을 수 있는 가능성이 열린다.

베풂은 또한 부채감을 낳는다. "진정, 나는 연민의 정이란 것을 베풂으로써 복을 느끼는, 저 자비롭다는 자들을 좋아하지 않는다. 저들에게는 너무나 수치심이 없다. …… 크나큰 마음의 빚은 사람들에게 감사하는 마음을 불러일으키는 대신 복수심에 불타도록 만든다. 그리고 사소한 마음의 빚의 경우, 그것이 잊히지 않으면 거기에서 쐐기가 생겨나게 된다."[5]

니체는 지혜의 이름으로 주는 선물의 역설적인 의미를 설파하면서 선물을 주는 행위가 진정한 결실을 얻으려면 이는 예술이어야 한다는 우회로를 남겨 놓았다. "제대로 주는 것이 제대로 받는 것보다 얼마나 더

[4] 앞의 책, 12쪽. 선물과 지혜의 유비는 마르셀 에나프의 저작 『진리의 가격(*The Price of Truth*)』에서 정식화되어 철학과 인류학에서 증여의 문제를 통해 상호 '인정(recognition)'의 사회 철학과 윤리학의 문제로 확장된다. 마르셀 에나프, 김혁 옮김, 『진리의 가격』(눌민, 2018) 참조.
[5] 니체, 앞의 책, 145~146쪽.

김현주

어려운 것인지 배웠겠지. 그리고 근사하게 베푸는 것, 그것이 일종의 비결(art), 그것도 선의의 마지막, 더없이 교활한 장인의 비결이라는 것을."[6] 이처럼 선물을 줄 때의 관대함이 받는 이에게 부채감으로 남는 것을 막으려면 대단한 고려와 기술이 필요하다. 이를 가장 교활히 행할 수 있는 방법 중 하나가 바로 예술이다.[7] 세상에서 가장 쓸모없어 보이는 예술은 무해해 보이는 외양에 허를 찌를 교활한 기술을 감추고 세상에 나온다.

[6] 앞의 책, 440~441쪽. 국문번역본 상에서는 예술에 대한 언급이 명시적이지 않아서 영문판을 참고했다. Friedrich Nietzsche, *Thus Spoke Zarathustra*, trans., Thomas Common(Logos Publishing, 2017), p. 218.

[7] 『차라투스트라는 이렇게 말했다』 상의 선물과 관련한 논의는 알랭 슈리프트의 「식수와 니체에서의 선물의 논리; 우리는 여전히 관대할 수 있는가?(Logics of the Gift in Cixous and Nietzsche: Can We Still Be Generous?)」 외에 슈리프트의 「도입: 왜 선물인가?」와 바네사 렘의 「『차라투스트라는 이렇게 말했다』에서의 정의와 선물 주기」, 라파엘 윙클러의 「나는 당신들에게 빚을 졌다: 니체, 모스」에서 다루고 있다. Alan D. Schrift, "Introduction: Why Gift?," *The Logic of the Gift*(Routledge, 1997), pp. 3~4; Vanessa Lemm, "Justice and Gift-Giving," James Luchte (ed.), *Nietzsche's Thus Spoke Zarathustra: Before Sunrise*(Bloomsbury, 2008), pp. 165~181; Rafael Winkler, "I Owe You: Nitzsche, Mauss," *Journal of the British Society for Phenomenology* 38(1)(2007), pp. 90~108.

부채의 의미

죄와 부채감에 대한 니체의 논의는 이후 『도덕의 계보』(1887)에서 더욱 심화된다. 그는 "원인과 치료제로서의, 자극제와 억제제로서의, 독으로서의 도덕"[8] 자체를 문제시한다. 특히 물질적인 부채에서 유래한 도덕 개념인 '죄'가 채권자의 손해에 등가를 이루는 채무자의 고통과 함께 구성되고, 이는 채권자와 채무자 사이에 계약 관계가 있기 때문임을 지적한다.[9] 채권자와 채무자 사이의 계약 관계는 계약하는 자들 사이의 부채에 대한 기억이 동반되어야만 실효가 있다. 계약이라는 약속에 대한 기억은 채무자에게는 채권자에게 대갚음할 것에 대한 보증과 신용을 요구하고 채권자에게는 손해에 대한 직접적인 이익이 보장되지 않을 시에 배상이나 보상으로 쾌감을 누릴 권한을 주기 때문이다.

니체가 지적한 채권자와 채무자 사이 책임을 둘러싼 손해와 보상이 확대되면 때때로 헤첼이 작업에서

[8] 프리드리히 니체, 김정현 옮김, 「도덕의 계보」, 『선악의 저편·도덕의 계보』(책세상, 2019), 344쪽.
[9] 앞의 책, 402~403쪽.

제기하는 바와 같이 기업이나 국가 사이에서 채권자의 관대함으로 포장된 원조와 공여로 나타난다. 그러나 원조와 공여에는 부채감이 따른다. 인류학자 데이비드 그레이버는 『부채: 그 첫 5000년』에서 부채란 반드시 상환되어야 하는 것이라는 전제 그 자체가 바로 문제임을 날카롭게 지적한다. 제3세계 국가들의 부채는 자국을 공격했거나 점령했던 국가에 지는 것이기 때문에 부채 관계의 이면에는 국가 간 위계가 작동하고 있다.

그레이버가 주장하는 부채의 역설은 부채가 승리자가 마땅히 누려야 할 정의만이 아니고 부당한 승리를 거둔 승리자를 처벌하는 방법이 될 수 있다는 것이다.[10] 부채를 상환하는 것이 도덕의 핵심이 아니며, 이 모든 것들은 인간의 협상에 따른 것일 뿐이라는 주장이다. 부채는 이처럼 갚지 못하는 자들의 마음에 축적되는 것만이 아니라 그 의미를 다르게 기억하는 자들에게도 남는다. 부채에서 마음의 쐐기를 자라나게 하는 자, 극단적으로 니체는 무의식적인 예술가의 폭력을 호명했다. 선물의 또 다른 이름인 '고귀한 지출'의

[10] 데이비드 그레이버, 정명진 옮김, 『부채: 그 첫 5000년』(부글북스, 2011), 7~11쪽.

이면을 뜨겁게 직시하는 이들, 예술가와 관람자 모두가 그러한 자들이라고 나는 생각한다.

비누거품을 씻어 내며

선물의 주는 자, 받는 자, 되돌려 주는 자의 구조는 환대에서 주인과 손님의 관계로 치환해 볼 수 있다. 일찍이 예술에서 주인과 손님, 그리고 환대의 관계를 재치 있게 제기한 예술가는 마르셀 뒤샹이다.

　뒤샹은 1953년 전시에 온 관객들에게 정사각형 은박지 포장지에 간단한 문구를 새겨 선물로 전했다. '주인＋손님＝유령(A Guest＋A Host＝A Ghost)'. 주인과 손님 두 단어는 소리와 모양이 비슷하고 모두 라틴어 어근 hospes에서 유래하는데 같은 어근에서 환대(hospitality)와 병원(hospital)이 파생되었다.[11] 뒤샹이 종종 취하는 언어유희의 한 종류인 이 작업은 주인과 손

[11]　Stephen Jay Gould, "The Substantial Ghost: Towards a General Exegesis of Duchamp's Artful Wordplays," *tout-fait* 1(2)(2000), https://www.toutfait.com/issues/issue_2/Articles/gould.html (2021년 4월 30일 접속)

님이라는 관계가 사회에서 맺어지는 방식을 유희적으로 해석하고, 응집성과 내재성으로 봉합될 수 없는 사회적 관계의 잉여와 여분을 유령 개념으로 환기시키고 있다는 점에서 유의미하다.

헤첼의 「빛이 있을 것이다」는 인터뷰어와 인터뷰이를 한자리에 불러 질문과 응답 구도를 취하지만, 이들 모두 대안적 가치에 대해 궁리하면서도 사회적 관계로부터 탈주하지 못한 채 가상의 무대에서 선물에 내상을 입는 자들이다. 「셀프」에서 제1세계의 지방 조직은 우리 안에 꾸덕하게 고이고 흘러 죄의 물질적 구성으로 기능한다. 「후원자」에서 「죄책감공장」까지 10년 가까이 헤첼이 생산과 재생산의 원환을 제기하는 방식은 사회적 상호성을 구성하는 관계망에서 배제된 존재들을 비추고 있다. 헤첼의 일련의 작업은 공여나 기부라는 선함의 윤리로 단순하게 해석할 수 없는 세계적 차원의 불평등 문제를 각인시킨다.

제멜바이스의 비누, 헤첼의 비누. 우리가 손을 씻고 향을 얻은 다음 씻어 내는 비누거품 속에 세균처럼 치밀하게, 숙주처럼 끈질기게 세계에 기생하는 자들의 면면이 드러난다. 매혹적인 향의 이 사물이 인간을 살리고, 산 인간에게 복수심의 쐐기를 박는다. 향이 짙은 선한 의도에 배어든 교활을 예술이 조준하고, 우리는 유령적 목격자이자 연루자로 지혜롭게 어리석음을 기뻐하며 오늘을 살아간다.

김현주

외모 통증
생존기

일움

일움　　　대구 청소년 페미니스트 모임 어린보라, 청소년 인권행동 아수나로의 상임활동가. 청소년 인권과 페미니즘의 교차성을 연구한다. 지역에서 퀴어 여성 청소년의 외모-섹슈얼리티 말하기 모임 등을 만들어 가며, 몸에 대해 말하는 것에 관심이 많다.

[주요어] #청소년페미니스트 #스쿨미투 #대구지역활동가
[분류] 사회학 > 청소년인권

"욕망 자체를 은폐하려는 시도는
여성 청소년을 '보호'하지 않는다.
나는 보호에 대해 질문한다.
어리고 미성숙하다고 불리는 이들의 욕망은
왜 이토록 냉랭히 '건전함'의 심판대로 밀려나는가?
사회로부터 격리되어 지금의 욕망이
삭제된 삶을 살게 하는 것은
결코 안전지대를 보장하지 않는다."

나는 내가 선택한 옷을 입고, 얼굴과 머리를 다듬고, 내가 가기로 한 곳에 서 있다. 퀴어 페미니스트로 스스로 정체화하면서 나는 외모에 대한 강박으로부터 자유롭기를 선언했다. 하지만 나는 여전히 '외모 통증'에서 자유롭지 못하다.

외모를 둘러싼 선언들

외모 강박으로부터 자유롭다는 선언은 쿨한 멘트에 그렇지 못한 태도에서 불안과 공허함 따위가 발견되기도 한다. 이를테면 나와 친구들은 화장을 하지 않는 대신 입술을 깨무는 습관이 생기거나, 숏컷에 맨얼굴을 하고 셔츠나 무지티에 정장 바지를 입는 전형적인 '탈코르셋'의 외형을 한 자신의 모습을 부끄러워하기도 했다. 티슈 뽑듯 쏙 탈출할 수 없는 여성혐오적 외모주의의 세상에서, 자유롭고자 하는 우리의 다양한 시도들은 결국 못생김에 번뜩 까무러치는 순간에 자주 도달하고야 말았다.

외모 평가로부터 자유롭지 못하다는 선언은 출처가 뒤엉킨 원한과 수치로 범벅될 때가 있다. 외모주의의 콩깍지가 이물감 없이 씌어 있는 내 안에서 넘실대는 혐오에 절로 피로해지기도 한다. 이를테면 "나는 못생긴 여성이다!"라는 선언을 보면 "그래! 못생긴 여자들이여, 연대하자!"가 뒤따르기보다도 "그렇지……" 하며 맥이 빠지곤 하는 것이다. '못생긴' 얼굴로서의 선언은 용기와 힘을 불러올 때도 많지만, 힘없이 꺼져 버리는 순간도 많다고 느끼곤 했다.

한눈에 보기에 아름답지 않다는 것이 기어코 슬퍼진다면 어떡해야 할까? 모두에게, 더군다나 여성 퀴어 청소년을 혐오하며 나의 외모를 혹평하는 이에게 잘 보여야 할 이유는 없다. 그럼에도 외모 비하에 타격을 받지 않는 것인지 그러지 않고자 애를 쓰고 있을 뿐인지 스스로 헷갈렸다. 아무도 혹평하지 않을 때조차 문득 나의 모습을 비추어 보다가 미적 자원 부족에 슬퍼지곤 했다.

　나는 나의 페미니스트 친구들과 외모 통증을 공유한다. 못생김 문제는 그저 외모 정상성에서의 해탈과 단련의 차력 쇼를 거듭해야만 갈무리되는 것일까? 혹은 외모 통증이란 타고난 자기검열 기질의 결과일 수밖에 없을까? 내가 아무리 퀴어 페미니스트인들 사회적인 외모 정상성에 맞지 않는 얼굴과 몸과 기질을 지니고 있는 한, 죽을 때까지 내 외모를 깎아내리고 개조하려는 마음으로부터 자유로울 수 없다면 어떻게 해야 하나?

　이 통증은 영영 설명될 수 없을 것만 같다. 외모 통증에 대한 토로는 여자애들의 징징거림일 뿐인 것 같다. "통증의 실제 느낌이 어떤지를 묘사할 때 말이라는 것이 조금이라도 쓸모가 있는가? 언어는 모든 것이 끝나 버리고 잠잠해진 뒤에야 찾아온다. 말은 오직 기억에만 의지하며, 무력하거나 거짓이거나 둘 중 하나다."[1] 그렇지만 아프면 일단 징징댈 수밖에 없고 또

---

[1]　알퐁스 도데, 손원재·권지현 옮김, 『알퐁스 도데 작품선』(주변인의 길, 2003), 375쪽.

같은 고통을 나눌 때면 공감으로 벅차올라 아픔을 잊기도 하기에, 어쩌면 내가 '못생기지 않았음'을 확인받거나 못생김에 의연해지는 팁을 전수받을지도 몰라서, 우리의 외모에 대한 말하기는 꼬리에 꼬리를 문다.

돌봄 품절의 현장

외모 통증은 돌봄받지 못함과 긴밀히 이어져 있다. 돌봄의 기억을 거슬러 올라가면, 돌봄을 바라는 사람들로 북적이던 현장에는 온통 돌봄 품절을 알리는 고함뿐이었다.

집에는 혈육이 셋이었고, 엄마는 독박 육아자였다. 학교에는 교사 한 명에 맡겨지는 학생이 스무 명을 넘었다. 아동센터에는 지도자 둘에 아동이 열댓이었고, 사건 사고가 너무 많았지만 쉼터 지도자와 일대일 관계를 맺기 어려웠다. 돌봄은 상호적이라지만 언제든 어린 이들은, 그중에서도 가난하고 혼자 남겨진 이들은 한 사람분의 돌봄을 온전히 주고받길 기대하기 어려웠다. 결국 돌봄받고자 한다면 좀 더 '예쁘게' 스스로를 개조하는 수밖에 없었다. 모든 관계에는 돌봄이 필요한데, 언행을 바람직하게 가꾸기에 앞서 얼굴과 몸이 예쁘면 좀 더 돌봐지는 것이었다. 몇몇 또래들은 돌봄받기 위한 꾸밈에 환멸이 나면 자해를 하는 등 미움을 사서 돌봄을, 관심을, 집중을 받고자 했다. 그러면 선생들은 이런 애까지 일일이 돌볼 여력이 없다고, 얘는 그냥 관종(관심받고 싶어 하는 종자)이고 문제라고 했다. 돌봄받지 못한 몸과 마음은 음침하다 불리며 더욱 돌봄받지 못했다.

어딜 가나 청소년끼리 모인 곳에서는 외모 품평이 노골적이었다. 보육 시설에 세련되고 깔끔한 이가 들어올 때와 누가 봐도 손길을 받지 않은 이가 들어올 때, 그를 둘러싼 또래들의 공기가 달랐다. 모두들 자신이 '탁아소'에 맡겨진 것을 알고 있었다. 너저분함은 우리에게 아주 적절한 모욕이었다. 그 안에서도 계급이 생겼고, 외모를 품평하는 권력은 또래 집단 안에서 되풀이되고 전복되었다. 그 위계질서 속에서 화두에 오를 나의 외모를 점검하던 긴장감을 기억한다.

비청소년[2]이 청소년의 외모에 대해 말을 얹기

[2] '성인(成人, 자라서 어른이 된 사람. 보통 만 19세 이상의 남녀)'이라는 단어가 내포하는 나이주의를 경계하고자 성인을 '비청소년'이라 표

는 더욱 쉬웠다. 쉼터에서든 학교에서든 선생은 곧 통제자였다. 쉼터 안에서 브라를 하고 있지 않으면 핀잔을 주는 이들이었다. 교문 앞에서 마스크를 내려 화장을 검사하고 겉옷을 벗겨 사복을 확인하는 이들이었다. 관리가 책무인 그들에게 용모 관리는 유구한 역사를 가진 일상 업무였다.

여성 청소년의 외모 변론

일상적인 외모 통제에 나는 어떻게 맞섰던가. 학교와 보육 시설을 벗어나면 그에 맞설 수 있는 기회가 생겼다. 나에게 발언권이 주어졌고, 청소년 인권 운동을 하기 시작하면서는 청소년 인권에 대한 최소한의 합의가 존재하는 공간으로 진입할 수 있었기 때문이다. 하지만 외모 앞에는 인권이 도통 들어 먹히질 않는다.

인권 강사단 양성 교육 과정의 일환으로 청소년 인권 강연을 나간 적 있다. 강의실을 가득 채운 중년의 수강자들 앞에서 가벼운 OX 퀴즈를 냈다. '짧은 교복,

기했다. 성숙함과 나이는 비례하지 않을뿐더러, 어린 이들을 '미(未)성년자'라고 표현할 때 반복되는 미성숙의 악순환을 경계하고자 함이다.

진한 화장을 한 여학생을 보면 마음이 불편한 건 어쩔 수 없다.' 청소년 페미니즘 단체에서 나온 활동가가 이런 문장을 제시한 의도는 빤하다. 그런데 속으로는 갈등하더라도 '아니다'를 낼 것이라는 예측은 빗나갔다. 과반수 이상이 '그렇다'와 함께 요즘 애들 이야기에 열을 올렸다. 나는 마이크를 들고 사람들의 답에 대한 질문을 다시 이어 가며, 오늘 내가 진한 화장을 하고 짧은 치마를 입고 왔다면 어땠을지를 상상했다. 발랑 까진 요즘 청소년들에 대한 분노로 넘실대는 강의실에서 자조 농담을 할지 말지 잠깐 고민했다.

청소년의 외모에 대해 쉽게 가치 판단을 내릴 수 있는 비청소년의 권력이 아득할 때, 나는 수집해 둔 비청소년의 무례한 발언을 카드로 꺼내 보이며 변론의 물꼬를 튼다. 청소년 혐오적 발언에 변론하고 싶고 동시에 그런 혐오가 두렵지 않다고 말하고 싶고 전복하고 싶을 때마다 나는 예상치 못한 '그렇다'의 향연에 당황하며 카드를 능수능란 펼치고 모을 재주가 있는지를 질문한다. 휘리릭 카드를 만지고 이것들에 전혀 베이거나 찔리지 않으면서 전문성이나 자신감을 보이고 싶었던가? 편협한 시선 앞에서 기죽고 싶지 않았던가?

일반적으로 여성 청소년의 외모는 단정하고 깔끔한 것이 좋다고 한다. 화장품은 피부에 유해하고 노출이 있거나 조이는 '편하지 않은 옷'은 활동적인 생활의 걸림돌이며 다이어트 강박을 심화시킨다고 한다. 왜 그렇게 말하면서 여성 청소년을 '지키려는' 걸까? 그런 말은 정말 우리를 '지키는가'? 어쩌면 비청소년들은 여성의 꾸밈 노동이 '섹시함'에 가까워질수록 성적 대상화되고 강간의 위험에까지 닿을 수 있다는 사실이 너무도 공고하기에 두려워서, 결국 '그 말'을 하고야 마는 것이다. "그래도 애들은 순수한 것이 가장 건강하고, 예쁘고, 자연스럽지……."

지역의 활동 현장에서 나는 초면의 동료 활동가에게 '어리고 맑은' 얼굴을 칭찬받는다. 그것은 '못생김'과는 다른 차원에서 나를 괴롭힌다. 얼굴이 빵실빵실한 활동가라는 것. 언제나 지나치게 결연하거나 혹은 말갛다고 말해지는 나의 얼굴은 머쓱할 때가 많다. 이를테면 회의에서 논의의 흐름을 따라가지 못함을 동료들에게 밝힐 때, 그런 질문을 하는 나의 얼굴이 너무도 어려 보이면 어쩌지 하는 걱정을 한다.

권리와 고통의
쳇바퀴 너머

짧은 치마를 입는 것은 나의 권리다. 동시에 짧은 치마를 입는 것은 아픈 행위다. 다리를 드러내고 치마를 입기 위해 살을 빼야 하며, 훑는 시선과 평가하는 말에 노출되어야 한다. 적절하게 꾸미는 것에 실패한 어린 여성은 '일진 메이크업' 같은 조롱의 대상이 된다. 과감한 옷을 입으면 '남자들이 어떻게 볼지 아느냐, 싼티 난다, 몸 팔러 가냐' 같은 말이 쏟아진다. 젠더 불평등, 끊이지 않는 성폭력에 대한 불안과 맞물린 보호주의의 굴레에서 우리를 둘러싼 평가와 외모 통증이 함께 굴러간다. 그 굴레 속에서도 '순수하고 아름답지만 섹시해서는 안 되는' 여성 청소년 전용 쳇바퀴 굴리는 법을 익힌다면 순수함, 단정함, 발랄함 같은 것들로 그 나름의 사랑을 받아 낼 수가 있다.

　　그 옆에서는 더욱 다채롭고 거대한 쳇바퀴가 쌩쌩 돌아간다. 순수함에 정면으로 반기를 드는 그 쳇바퀴는 종종 해방적으로 다가온다. 실제로는 고통스러울지라도, 올라타면 비웃음과 비난을 살지라도 그것이 어른들만의 것이라면 참을 수 없이 입장권을 호시탐탐 노리게 된다. '빡센 꾸밈 노동을 한 섹시하고 마른 여성'이라는 미의 기준에 더 자주 걸려 넘어지고 아프게 될 테지만, 나는 기꺼이 도전한다. 증가하는 노동량은 미적 자원 부족의 운명을 개선할 기회처럼 보인다.

나에게는 여성 청소년에게 금기시되는 외모를 가꾸고 보여 주고자 하는 욕구가 존재한다. 사회적으로 규정된 '아름다운 여성'의 기준이자 (어린 이들에게는 더더욱) '성적 대상화된' 바로 그 모습을 스스로 연출하고 싶은 욕망에 휩싸인다. 과연 정말로 대상화되고 싶은 것일까, 이 욕망은 어디서부터 출발했는가 하는 질문과는 별개로 스스로 외모를 연출하는 행위는 그 자체로 인정되어야 한다. 욕망 자체를 은폐하려는 시도는 여성 청소년을 '보호'하지 않는다. 나는 보호에 대해 질문한다. 어리고 미성숙하다고 불리는 이들의 욕망은 왜 이토록 냉랭히 '건전함'의 심판대로 밀려나는가? 사회로부터 격리되어 지금의 욕망이 삭제된 삶을 살게 하는 것은 결코 안전지대를 보장하지 않는다.

나는 여성 청소년에게 더욱 다채로운 외모 쳇바퀴로의 입장권이 주어지기를 요구한다. 하지만 그로 인

일움

해 더 아프고 괴로운 삶이 초래될 가능성을 무시할 수 없는 것도 사실이다. 그러므로 나는 향유와 강박이 맞물린 쳇바퀴 자체에 대해 이야기한다. 쳇바퀴를 폭신하게 보수하든 평평하게 해체하든 우리의 뜻대로 다시 지을 권력이 필요하다.

> 나는 야간에 일을 해도 괜찮다고 동의했지, '야간에 돌아다녔다'는 이유로 각종 폭력의 피해자가 되는 것에 동의한 적 없다. (……) 안전하고 두렵지 않게 밤거리를 마음껏 활보하고, 여기저기 돌아다니고, 일하고 싶다. 밤거리에서 내가 감수해야 할 두려움이 단지 어둠에 대해 가지는 인간의 기본적 두려움에 그쳤으면 좋겠다. (……) 일하던 편의점 바로 앞에 있는 공원 화장실에 가면서도 두려웠던 게 일상적이었다는 사실이 비참했다. 별것도 아닌 통금 때문에 할 수 있었던 일들을 못 하고, 밤에 돌아다니고 일을 하는 '어린 여자'라는 이유로 폭력에 희생되더라도 입이 틀어막히는 경험은 전혀 유쾌하지 않았다.[3]

[3]　치리, 「내게도 밤에 안전할 권리를」, 『걸 페미니즘』(교육공동체벗, 2018), 191쪽.

어린 여자들의 안전은 꽁꽁 싸매진 몸이 아니라 안전한 거리로부터 나온다. 나는 더 이상 고통으로 위협당하며 얼마나 꾸밀지를 허락받기 싫다. 꾸밀 권리는 나의 것이고, 고통 없는 세계를 만드는 일은 우리의 몫이다. 우리가 정말 두려운 것은 무엇인가? 예를 들어 나의 민소매 차림을 지적한 엄마는 밖으로 드러난 살결이 두려웠는지, 팔에 쏟아지는 시선 폭력이 두려웠는지를 물어야 한다. 이 두려움을 우리가 떠안지 않고 자유롭게 살 수 있도록 말이다.

지역에서 활동가 되기

이러한 물음으로 나는 어린보라[4]를 만났고, 청소년 운동을 시작했다. 내가 청소년 페미니스트 활동가가 된 것은 결국 자유롭기 위해서였다. 동료들은 세상의 두려움으로 나를 단속하는 것이 아니라 같은 마음으로

---

[4] 어린보라는 대구 지역의 청소년 페미니스트 모임이다. 2018년 '스쿨미투 청소년 연대 in 대구'라는 이름으로 결성되었다가, 2020년 어린보라로 단체명을 변경했다. '어린 것들의 페미니즘'이라는 뜻과, '어린 것들을 보라' 두 의미를 가진다.

세상에 함께 질문하자고 제안하는 사람들이다. 나의 차림과 나이는 그곳에서 전혀 문제가 되지 않았다. 어린보라에 들어가서 나는 얼마든지 어릴 수 있었다. '어리니까 아직 몰라도 돼, 어리니까 철이 없지' 따위의 말이 없는 곳에서 '어림'으로부터 나를 놓아줄 수 있었다. 어린보라 사람들과 외모에 대한 마음을 이야기할 때, 자유를 세상에 말할 때 나는 시원해졌다.

다양한 몸의 자리가 있는 곳. 마음속에 어떤 불안이 있을지는 모르지만, 어린보라 사람들에 대한 나의 첫인상은 그랬다. 그냥 이렇게 다들 있구나. 서로를 향한 시선이, 우리가 하는 평등 문화 약속이 그랬다.[5] 여전히 외모를 자조하고 아픔을 느끼면서 결국 외모 통증으로부터의 절대적인 자유는 없는 걸까 생각했지만, 그렇다고 해서 그 공간이 자유롭지 않은 건 아니었

[5] "우리는 성별, 성적 지향, 성별 정체성, 장애, 나이, 지역, 출신 학교 및 학력, 병력 또는 건강 상태, 임신 또는 출산 관련 선택, 가족 구성 및 형태, 경제적 상황, 사회적 지위, 군 복무 여부 및 형태, 종교, 전과 등(이하 '성별 등')을 이유로 서로 차별하지 않습니다." "우리는 사회적 소수자에 대한 혐오 발언을 하지 않고, 이를 마주했을 때 적극적으로 제지합니다." "우리는 각자가 허용하는 신체적·심리적 거리가 다름을 인정하고, 상대방의 동의 없는 신체 접촉이나 타인에게 불쾌한 언행을 하지 않습니다." 등의 조항으로 구성된 약속문.

다. 외모 통증으로부터는 자유롭지 못했지만, 외모 가꿈의 영역에서 우리는 자유로이 남을 수 있었다. 그 자유를 지금까지도 느낀다.

한편 지역에서 활동한다는 것은 언제 알아봐질지 모르는 긴장 속에 있는 것이기도 하다. 활동 반경이 너무나 가까운 나의 지역, 나의 동네인 것이 문제다. '대구 청소년 페미니스트 모임 어린보라' SNS 계정에 사진을 올리면 나를 알아볼 수 있는 사람들이 있다. 시내에서 시위를 하다가도 종종 아는 얼굴을 마주친다. '지역'이란 모임에 나갈 때 걷거나 대중교통을 타고 갈 수 있을 만큼 협소한 범위라는 점이 답답하고 섬찟섬찟 무서울 때가 있었다. '페미니스트, 성소수자'라고만 외쳐도 혀를 차는 이들이 있고 페미니즘 집회에서 남성 단체가 앰프를 동원해 혐오 표현을 발산해도 자연스러운 보수의 도시 대구에서 나의 신상이 어떻게 알려질지 짐작할 수 없었다.

그런 어려움에도 지역에서 활동을 하는 이유는, 어린보라 활동이 지금 여기에서 나의 삶과 세상을 바꾸는 일이기 때문이다. 나는 더욱 자유롭게 활동하고자 서울에 가려 했지만, 그러려면 한 줌의 한 줌인 나의 동료들과 헤어지고, 애정을 붙이기 시작한 나의 값싼 원룸을 떠나고, 지역의 여러 움직임과 멀어져야 한다. 좋아하는지도 모르게 눈에 익어 버린 동네 곳곳의 풍경들도 더는 볼 수 없게 되며, 거리 캠페인의 성과로 학교에서 동료를 만나는 반가움의 가능성도 없어진다.

　나는 서울로, 수도권으로 '망명'을 가지 않고 대구에 남아 청소년 페미니즘 활동을 한다. 나는 계속해서 지금 여기의 여성 퀴어 청소년으로서 자유를 찾아 나설 것이고, 그와 함께 나와 내 친구들은 아마 영영 외모를 가지고 아파할 것 같다. "제일 외모 통증이 덜한 때는 언제야?"라는 나의 질문에 "아무 생각이 들지 않을 때."라고 답한 친구가 기억난다. 그 친구를 잘 알기 때문에, 그의 사후 묘비에나마 '이제 외모에 관해 아무 생각을 하지 않는다.'라고 새길 수 있을 것 같다. 그럼에도 다들 지금 편안하길 바란다. 다들 자기 살을 잘 붙이고 덜렁덜렁 터덜터덜 삐질삐질 쿵쾅쿵쾅 다니길 바란다. 동네에서 뻥 뚫린 옷을 입고 거리를 활보하고, 간간이 외모 통증을 언어화하며 살아가길. 이상할 만큼 정말로 괜찮은 어떤 날에 우리는 모두 덩어리진 생명일 뿐이었으니까.

참고 문헌(발표순)

김원영 「외모라는 실체에 관하여」

김원영, 『실격당한 자들을 위한 변론』(사계절, 2018).

다케다 세이지, 『'재일'이라는 근거』(소명출판, 2017).

로널드 드워킨 『정의론』(민음사, 2015).

울리히 렌츠, 박승재 옮김, 『아름다움의 과학』(프로네시스, 2008).

김용민·김용학·박기성, 「외모와 신장이 임금에 미치는 영향」,
《응용경제》제14권 제1호(2012).

Xiaofei Liu, "Discrimination and Lookism," Kasper
Lippert-Rasmussen (ed.), *The Routledge Handbook
of the Ethics of Discrimination*(Routledge, 2018).

Moreau, Sophia. "What Is Discrimination?," *Philosophy &
Public Affairs* 38(2)(2010).

Rhode, Deborah L., "The Injustice of Appearance,"
Stanford Law Review 61(5)(2009).

김애라 「메타버스 아바타의 상태」

김애라, 『디지털심미안』(서해문집, 2022).

고정민·박지언, 「메타버스 플랫폼 제페토를 이용하는 Z 세대의 경험 연구」, 《한국과학예술융합학회》 제40권 2호(2022).

송원일, 「청소년의 신(新)문화공간 사례연구: 메타버스 중 '제페토(Zepeto)'를 중심으로」, 《청소년문화포럼》 제71호(2021).

Bloustien, G. F. & Wood, D., "Face, Authenticity, Transformations and Aesthetics in Second Life," *Body & Society* 19(1)(2013).

Heim, M., "The erotic ontology of cyberspace," *Cyberspace: first steps*(The MIT Press, 1991).

박세진 「패션 역주행에 대처하는 법」

Alison Klayman, *White Hot: The Rise & Fall of Abercrombie & Fitch*(2022).

Crystal Martin, "Why Does the Beauty Industry Ignore Curvy Models?," *The New York Times*(2016. 7. 5.).

임소연 「K-성형수술의 과학」

Ludwig Wittgenstein, *Über Gewißheit*(Oxford: Blackwell, 1969).

Edmonds, Alexander & So Yeon Leem, "Making Faces Racial: How Plastic Surgery Enacts Race in the US, Korea and Brazil," *Ethnic and Racial Studies* 44(11)(2021).

Eugenia Kaw, "Medicalization of Racial Features: Asian American Women and Cosmetic Surgery," Medical Anthropology Quarterly 7(1)(1993).

Farkas L. G. et al., "Geography of the Nose: A Morphometric Study," *Aesthetic Plastic Surgery*

10(1)(1986).

Paul I. Heidekrueger et al., "Global Aesthetic Surgery Statistics: A Closer Look," *Journal of Plastic Surgery and Hand Surgery* 51(4)(2016).

Rhee, Seung Chul, Kyoung-Sik Woo, & Bongsik Kwon, "Biometric Study of Eyelid Shape and Dimensions of Different Races with References to Beauty," *Aesthetic Plastic Surgery* 36(5)(2012).

안진 「왜 TV에는 백인만 나올까?」

박성호, 『호감』(커뮤니케이션북스, 2016).

윤태일, 『사랑과 소통』(커뮤니케이션북스, 2015).

파울 페르하에허, 장혜경 옮김, 『우리는 어떻게 괴물이 되어 가는가』(반비, 2015).

안진, 「나는 왜 백인 출연자를 선택하는가?」, 《미디어, 젠더&문화》 제30권(한국여성커뮤니케이션학회, 2015).

전영자·전예화, 「여성결혼이민자에 대한 고정관념과 감정이 사회적 거리감에 미치는 영향」, 《한국생활과학회지》 제19호(한국생활과학회, 2010).

Lippmann, W., *Public Opinion*(Harcourt Brace, 1922).

이민 「전시되지 않는 몸들의 삶」

미셸 푸코, 홍성민 옮김, 『임상의학의 탄생: 의학적 시선의 고고학』(이매진, 2006).

이대택, 『비만 히스테릭』(지성사, 2010).

이영숙, 『(남성복과 여성복 마케팅을 위한) 체형별 의류 사이즈 규격의 국가 간 비교』(신선사, 1999).

박혜경, 「비만의 질병 지위 획득 메커니즘」, 《과학기술학연구》 14(2)(2014).

이민, 「내밀한 표준화: 한국 성인 여성들의 비만 경험을 통해 본 몸과 섹슈얼리티」(서울대학교 대학원, 2016).

대한비만학회, 「비만의 진단과 평가」, http://general.kosso.or.kr/html/?pmode=obesityDiagnosis

C. S. Yajnik & J. S. Yudkin, "The YY Paradox," *The Lancet* 363(9403)(2004).

Terence S. Turner, "The Social Skin," Margaret Lock & Judith Farquhar (eds.), *Beyond the Body Proper: Reading the Anthropology of Material Life*(Durham and London: Duke University Press, 1993).

Annemarie Mol, "Good Taste: The Embodied Normativity of the Consumer-Citizen," *Journal of Cultural Economy* 2(3)(2009).

Lauren Berlant, "Slow Death (Sovereignty, Obesity, Lateral Agency)," *Critical Inquiry* 33(4)(2007).

정희원 「지속가능한 몸 만들기」

정희원, 『지속가능한 나이듦』(두리반, 2021).

D'Alessandro, Bill Chitty, "Real or Relevant Beauty? Body Shape and Endorser Effects on Brand Attitude and Body Image," *Psychology & Marketing* 28(8)(2011).

Fitzgibbon, Blackman & M.E. Avellone, "The relationship between body image discrepancy and body mass index across ethnic groups," *Obesity Research* 8(8)(2000).

Lukasz Walasek & Gordon DA Brown, "Income Inequality and Status Seeking: Searching for Positional Goods in Unequal US States," *Psychological Science* 26(4)(2015).

Noh, Kwon & Jinseok Kim, "Relationship between body image and weight status in east Asian countries: comparison between South Korea and Taiwan," *BMC Public Health* 18(814)(2018).

Tanaka, Tarumi & Jörn Rittweger, "Aging and Physiological Lessons from Master Athletes," *Comprehensive Physiology* 10(1)(2020).

Wilkinson, Richard G. & Kate E. Pickett, "The enemy between Us: The Psychological and Social Costs of Inequality," *European Journal of Social Psychology* 47(1)(2017).

박정호「얼굴을 잃지 않는 대화」

마르셀 모스, 이상률 옮김, 『증여론』(한길사, 2002).

어빙 고프먼, 진수미 옮김, 『상호작용 의례』(아카넷, 2013).

한스 게오르크 묄러·폴 담브로시오, 김한슬기 옮김, 『프로필 사회』(생각이음, 2022).

하홍규, 「도시 속의 성스러움」, 《문화와사회》 제15권(2013).

Marcel Mauss, "Une catégorie de l'esprit humain: la notion de personne," *Sociologie et anthropologie*(PUF, 1999[1938]).

김현주「비누거품 아래, 죄와 부채」

율리안 헤첼 웹사이트, http://julian-hetzel.com/projects/the-benefactor/

율리안 헤첼의 「셀프」 프로젝트, https://humansoap.com/give/

데이비드 그레이버, 정명진 옮김, 『부채: 그 첫 5000년』(부글북스, 2011).

마르셀 에나프, 김혁 옮김, 『진리의 가격』(눌민, 2018).

프리드리히 니체, 정동호 옮김, 『차라투스트라는 이렇게 말했다』(책세상, 2000).

Alan D. Schrift, "Introduction: Why Gift?," *The Logic of the Gift*(Routledge, 1997).

Vanessa Lemm, "Justice and Gift-Giving," James Luchte (ed.), *Nietzsche's Thus Spoke Zarathustra: Before Sunrise*(Bloomsbury, 2008).

Rafael Winkler, "I Owe You: Nitzsche, Mauss," *Journal of the British Society for Phenomenology* 38(1)(2007).

Stephen Jay Gould, "The Substantial Ghost: Towards a General Exegesis of Duchamp's Artful Wordplays," *tout-fait* 1(2)(2000), https://www.toutfait.com/issues/issue_2/Articles/gould.html

일움 「외모 통증 생존기」

알퐁스 도데, 손원재·권지현 옮김, 『알퐁스 도데 작품선』(주변인의길, 2003).

일라이 클레어, 전혜은·제이 옮김, 『망명과 자긍심』(현실문화, 2020).

호야 외, 『걸 페미니즘』(교육공동체벗, 2018).

2호 　　인플루언서(2020년 5월)

2호를 　「우리는 영향력을 원한다」
펴내며

이유진 「무슨 일이 일어나고 있나요」
　　　사회학 > 언론정보학
　　　#저널리즘
　　　#마이크로셀러브리티
　　　#담론장

윤아랑 「네임드 유저의 수기」
　　　인문예술 > 영화비평
　　　#네임드유저
　　　#비평가의임무
　　　#권위의몰락

강보라 「《일간 이슬아》의 진정성」
　　　사회학 > 시각연구
　　　#1인구독서비스
　　　#진정성
　　　#자기재현

박한선 「인플루언서 VS 슈퍼전파자」
　　　역사학 > 인류학
　　　#슈퍼전파자
　　　#전염력
　　　#인터넷미아즈마

이민주 「#피드백 운동의 동역학」
　　　사회학 > 여성학
　　　#피드백운동
　　　#감정자본주의
　　　#정치적소비자

김아미 「어린이의 유튜브 경험」
　　　교육학 > 아동교육 > 미디어교육
　　　#유튜버
　　　#미디어리터러시
　　　#또래문화

김헌 「2500년 전의 인플루언서들」
　　　철학 > 수사학
　　　#연설가
　　　#설득의정치
　　　#민주주의

유현주 「팔로어에게는 힘이 없다」
　　　독문학 > 매체이론
　　　#문자매체
　　　#브로드캐스팅
　　　#보호모드

정종현 「선한 영향력 평가하기」
　　　역사학 > 한국근현대사
　　　#선한영향력
　　　#유학생
　　　#조선물산장려운동

윤해영 「영향, 연결, 행동」
　　　사회학 > 환경문제
　　　#그린인플루언서
　　　#미래세대
　　　#기후행동

4호   동물(2021년 1월)

4호를   「동물을 안다는 것에 대하여」
펴내며

5호   일(2021년 5월)

5호를 「쓸모 있는 일을 하려는
펴내며   사람들에게」

김수현 「개미투자자가 하는 일」
        인류학 > 문화인류학
        #불로소득
        #경제적자유
        #스마트개미

함선유 「돌봄을 정당하게 대우하라」
        사회학 > 사회복지학
        #돌봄노동
        #돌봄불이익
        #보람

배세진 「동학개미, 어떻게 볼 것인가」
        철학 > 현대프랑스철학
        #금융화
        #주식투자
        #화폐란무엇인가

임안나 「일자리를 따라 이동하기」
        인류학 > 문화인류학
        #이주의여성화
        #필리핀돌봄노동자
        #연결망

조해언 「젊은 플랫폼노동자의 초상」
        사회학 > 노동사회학
        #자투리노동
        #플랫폼자본주의
        #노동경험

강민정 「과로죽음에 이르지 않도록」
        사회학 > 노동문제
        #과로죽음
        #유가족
        #적정노동시간

최의연 「노동자의 밤에 일어나는 일」
        철학 > 현대프랑스철학
        #노동과작업
        #프롤레타리아의밤
        #프레카리아트

최하란 「직장에서의 셀프 디펜스」
        사회학 > 불평등과 폭력
        #직장내괴롭힘
        #셀프디펜스
        #건강과안전

홍태림 「예술은 노동인가?」
        미술 > 미술비평
        #예술노동
        #임노동
        #대가제도

최수근 「한국어를 가르치는 일」
        교육학 > 한국어교육
        #언어
        #한국어교육
        #노동운동

6호   권위(2021년 9월)

6호를   「'아니오'라고 말한 후」
펴내며

인문잡지 한편
9
외모

글
김원영, 김애라, 박세진, 임소연, 안진,
이민, 정희원, 박정호, 김현주, 일움

편집
신새벽, 김세영, 조은, 맹미선, 백지선

디자인
유진아

발행일
2022년 9월 21일

발행인
박근섭, 박상준

펴낸곳
(주)민음사

등록일 / 등록번호
2020년 5월 20일
강남, 사00118

주소
서울시 강남구 도산대로1길 62(신사동)
강남출판문화센터 5층(06027)

대표전화
02-515-2000

홈페이지
www.minumsa.com

값 10,000원

ISBN / ISSN
978-89-374-9155-9 04100
2733-5623